京都秦家　町家の暮らしと歴史

京都秦家

町家の暮らしと歴史

秋元せき
小林丈広
三枝暁子
西村豊〈写真〉

岩波書店

はじめに

本書は、京都市街の中心部にあって、今もなお江戸時代以来の商家のたたずまいを見せている「秦家」の暮らしと歴史について、紹介する本である。

秦家の歴史は、江戸時代中期にさかのぼり、一八世紀半ばには、現在と同じ、祇園祭山鉾町の一つ太子山町（京都市下京区油小路通仏光寺下る）に居を構えていたことが知られる。子ども向けの丸薬「太子山奇応丸」を製造・販売する商家であり、代々「松屋与兵衛」を名乗る当主は、太子山町の年寄役をつとめるなど、町の自治の担い手として活躍した。幕末の混乱期、禁門の変で京都市街一体が焼失した元治元年（一八六四）の大火、どんどん焼けの際には、秦家も焼失してしまう。しかし明治二年（一八六九）に再建されることとなり、以後、戦後に至るまで薬種業を営み続けた。その後一九八七年（昭和六二）に、当主であった凱彦氏（一一代与兵衛）が他界されたのを契機に、薬種業をたたむこととなる。現在は、凱彦氏の妻トキさんと長女めぐみさんが、秦家の歴史と文化を訪れる人々に伝え共有する活動を続けながら、住み暮らし続けている。

秦家の建築様式は、油小路通に面して表棟、その後ろに玄関棟と奥棟のある、表屋造りの形式で、典型的な「京町家」である。一階の「店の間」の表には、平格子・出格子窓がそなえられている。二階には虫籠窓、大屋根と通り庇の屋根面に起りがあり、軒先は一文字瓦である。こうしたたたずまいは、通りを歩いていてもひときわ目をひき、実際に、表棟・玄関棟が一九八三年(昭和五八)に、また住居棟・土蔵が二〇〇八年(平成二〇)に京都市有形文化財に登録されている。

秦家のように、通り庭に沿って「みせ」「台所」「おく」を並べる表構えや、格子や出格子、揚げ見世、虫籠窓などをそなえた「町家」の建築様式は、一八世紀に確立するとされている。その背景には、江戸時代の京都における、「町」共同体の成熟と、その成熟をもたらした商人の活発な商業活動が存在しており、商人の家の生業の場と居住の場とが一体化した建造物であるという点が町家の大きな特徴であった。

しかし、歴史情緒あふれる街として知られる京都にあっても、都市開発の波にあおられ、こうした江戸時代に由来する建築様式をのこす町家は希少なものとなりつつある。今から三〇年ほど前に起こった「京町家」ブームは、町家が激減していく現象と表裏一体のものであった。町家の継承と維持があやぶまれる状況となるなか、町家に住み暮らしてきた人々や町家を継承する人々によって、住まいとしての空間を公開し保存につなげていこうとする動きや、飲食店や宿泊施設として再利用していこうという動きが高まっていった。こうした動きを受けて、行政の側も町家保存のための方策を打ち出すに至っている。現在、京都の街を歩けば、「京都らしい」風景を形作る、町家を再利用したカフェやレストラン、居酒屋などが点在しているのを目にする。町家が、解体されることなく、明確な形をとってその場にあることによって、人々に「古都」京都の往時をしのばせる効果を持つことは、誰しも認めるところであろう。

そのうえで、さらに町家という固有の建築様式が発展してきた歴史とその基盤に目を向けてみたとき、目に見えるかたちとしての町家の保存が、万全なものとはいえない現実も見えてくる。先にも述べたように、一八世紀に確立した京町家は、江戸時代の商人が生業を営むために「町」に構えた、職住一体の家として発展したものである。秦家も、薬種業を営む家として、太子山町に居を構え、邸内で薬を製造・販売しつつ、家族と奉公人とを住まわせながら存続してきた。江戸時代に由来する、織物・酒・薬……など様々な生業をもつ商人が、家を基盤に商売を成り立たせていた時代が長く続くなか、産業・商売のしくみや、人々の生活様式・嗜好は大きく変化し、いわゆる「伝統産業」が衰退していくのと同時に、町家の数も減少せざるを得ない状況となっている。このような状況のもと、いまかろうじてかたちをとどめている町家の多くは、生業か住まいか、いずれかの機能を選択して維持されている現状にある。そして飲食店の存在に象徴されるように、その大半が、かつての生業とは異なる業態のもと、もはや住まいとしての機能をもたずに存続している現状にある。

こうした現状にあってもなお、町家に住み暮らすという選択をし続けている、秦家の人々の思いはどこにあるのか。何に価値を見出し、何を守り、何を伝えようとしているのか。一方で、京町家を公共財としてみなそうとする、居住者・所有者以外の人々にとって、町家の価値とは、具体的にどのような点にあるのだろうか。

本書は、このような疑問を念頭に、日ごろ京都の歴史・文化に関心を寄せ、研究を続けてきた歴史学研究者三名と、京都で生まれ育ち、京都の民俗文化に深い関心を寄せてきた写真家とが協働しながら、秦家の日常そして歴史・文化にふれ、学び考えたことをまとめたものである。秦家は、人と建物を今に存続させているばかりでなく、文書や薬種業の道具類など、家にかかわる歴史資料(京都市歴史資料館所蔵)をも今に伝えてきた稀有な家である。このような家の歴史と文化をひもとくことを通じ、京町家の本質的価値とそこで育まれてきた歴史・文化を読者の皆さんと共有し、現代京都さらには現代日本において、京町家が存在することの意義を共に考えたいと思う。

二〇二四年八月

西村　豊
秋元せき
小林丈広
三枝暁子

京町家秦家の暮らし

油小路通に面した表棟

表棟の看板

夜の表棟

店の間から玄関の間をのぞむ

店ニワから玄関棟へ

玄関棟の前の暖簾

客間から中庭をのぞむ

中庭の棕櫚竹と石灯籠

中の間から奥の間をのぞむ

奥の間

奥の間から奥庭をのぞむ

奥庭．左手前に見えるのが切支丹灯籠

縁側から奥庭を眺めるクウちゃん

奥庭の椿

夜の離れ

ハシリ

(上)トキさんの機織機(2階)
(下)トキさんの部屋(2階)

(上)秦家に伝わる漬物「ひゃくいち」を作る
(下)秦家の朝ごはん(豆ごはんのお茶漬け)

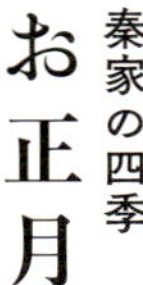

お正月迎え

店の間の「大黒さん」
に灯明をともす

（上）お雑煮
（下）祝い膳を並べる

元旦の秦家

元旦のカドの両脇に飾られた根引きの松

お正月の奥の間．床の間には三十番神の軸

かきや作り

かきや作りの合
い間に餅を焼く

あられ作り

秦家の四季

お彼岸 よもぎ団子作り

(上)桂川の土手でのよもぎ採り．対岸に松尾大社の鳥居が見える

（上）よもぎ団子作り
（下）よもぎ団子をお供えする

秦家の四季 正五九

ご祈禱

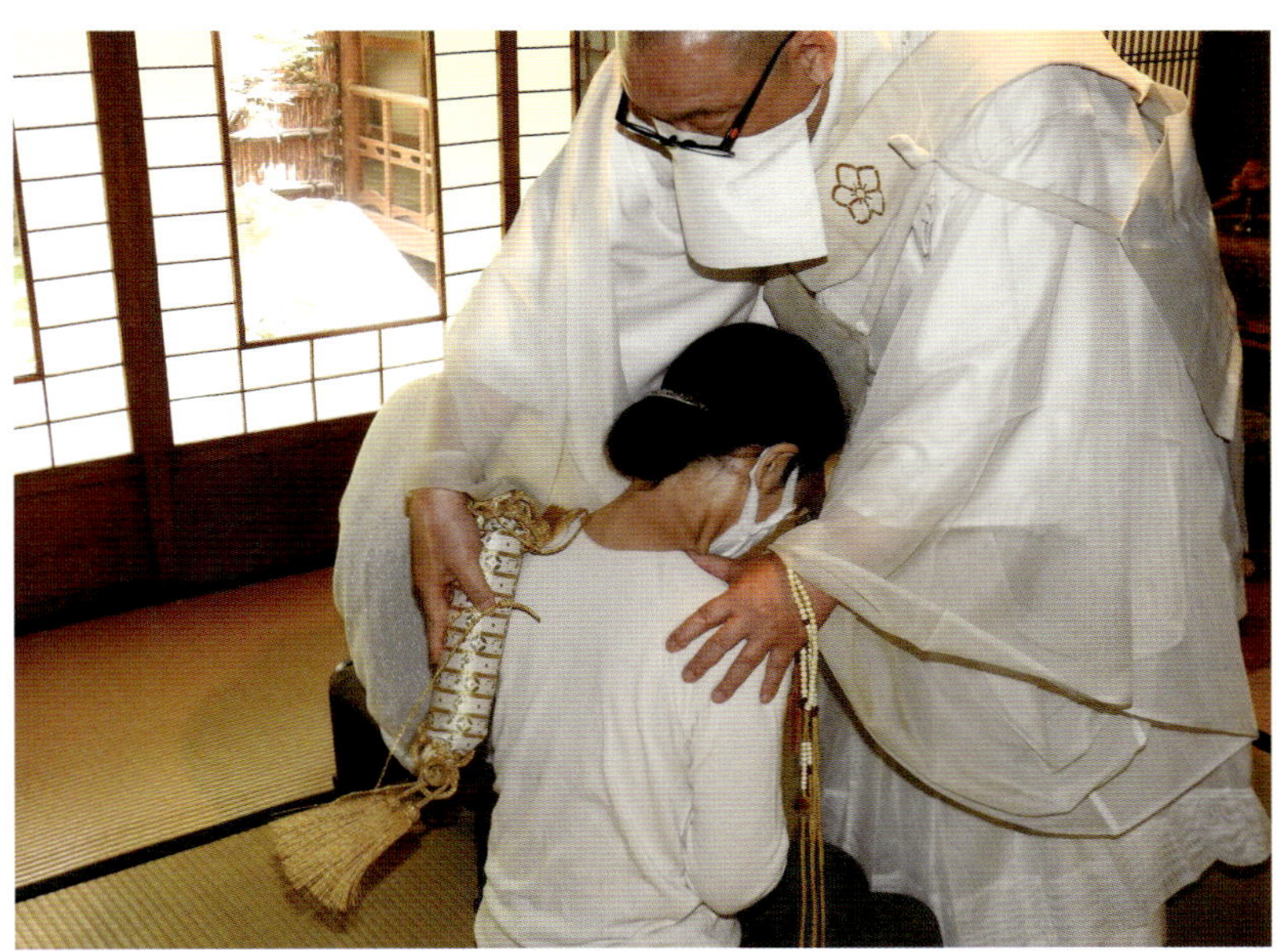

身体をさする

秦家の四季

建具替え（六月）

ガラス障子を外す

御簾越しにのぞむ奥庭

秦家の四季
祇園祭

祇園祭の表棟

祇園祭の表棟

檜扇を活ける

鯖寿司を作る

鯖寿司とおこわ

祇園祭の奥の間

太子山の飾場となった店の間

太子山巡行
(2019 年)

雨の中合羽をつけて巡行
する太子山(2015 年)

薬種業の家　秦家

太子山奇応丸の旗看板

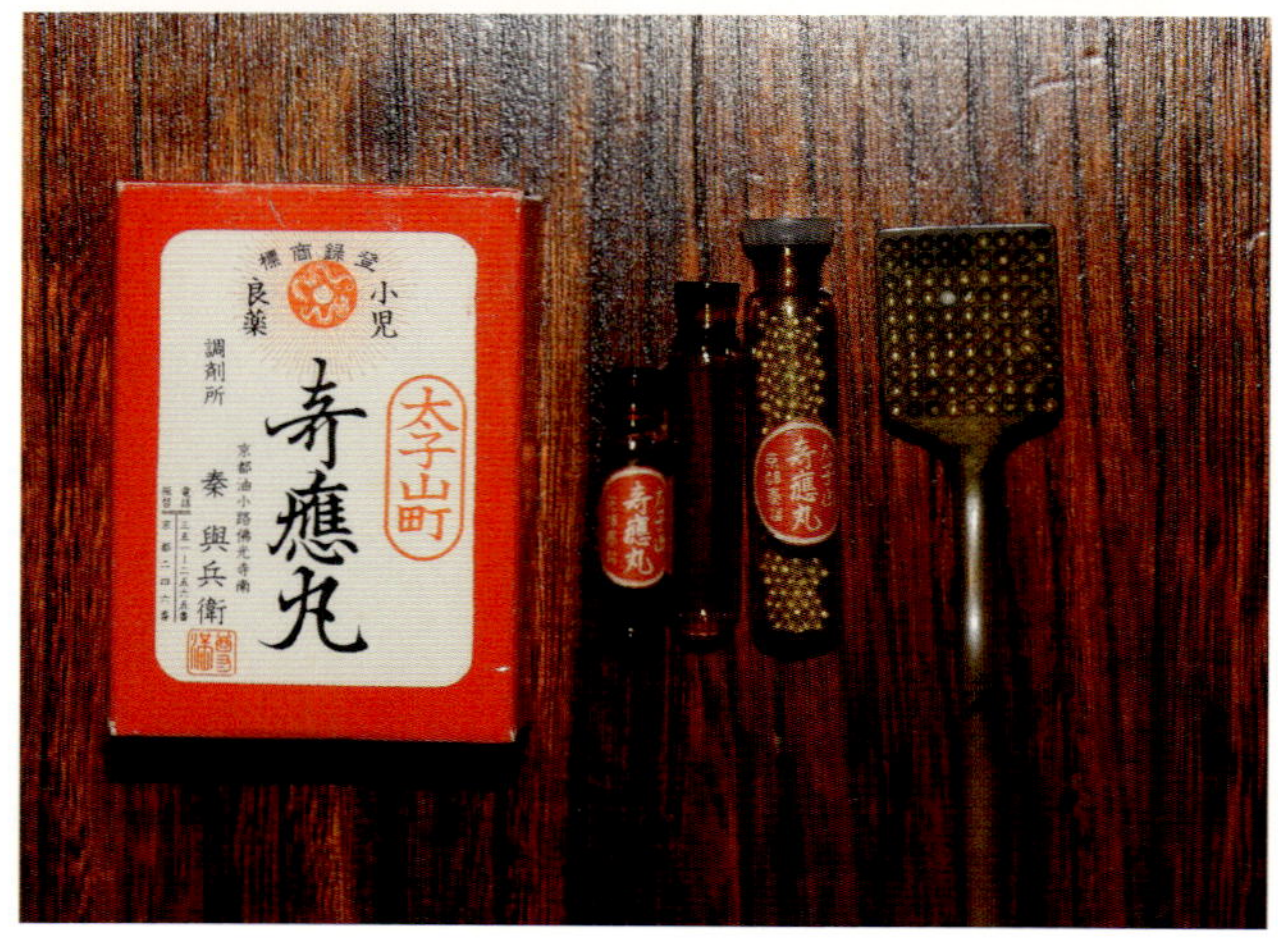

(上)奇応丸の広告
(中)奇応丸の包み紙
(下)奇応丸と奇応丸を
数えるための匙

店の間の薬種だんす

生薬と薬道具

箔かけの道具

京都秦家　町家の暮らしと歴史

目次

＊掲載した史資料（歴史的写真を含む）のうち所蔵先が記載されていないものは全て秦家所蔵のものである。掲載した写真のうち撮影者が記載されていないものは全て西村豊が撮影した。

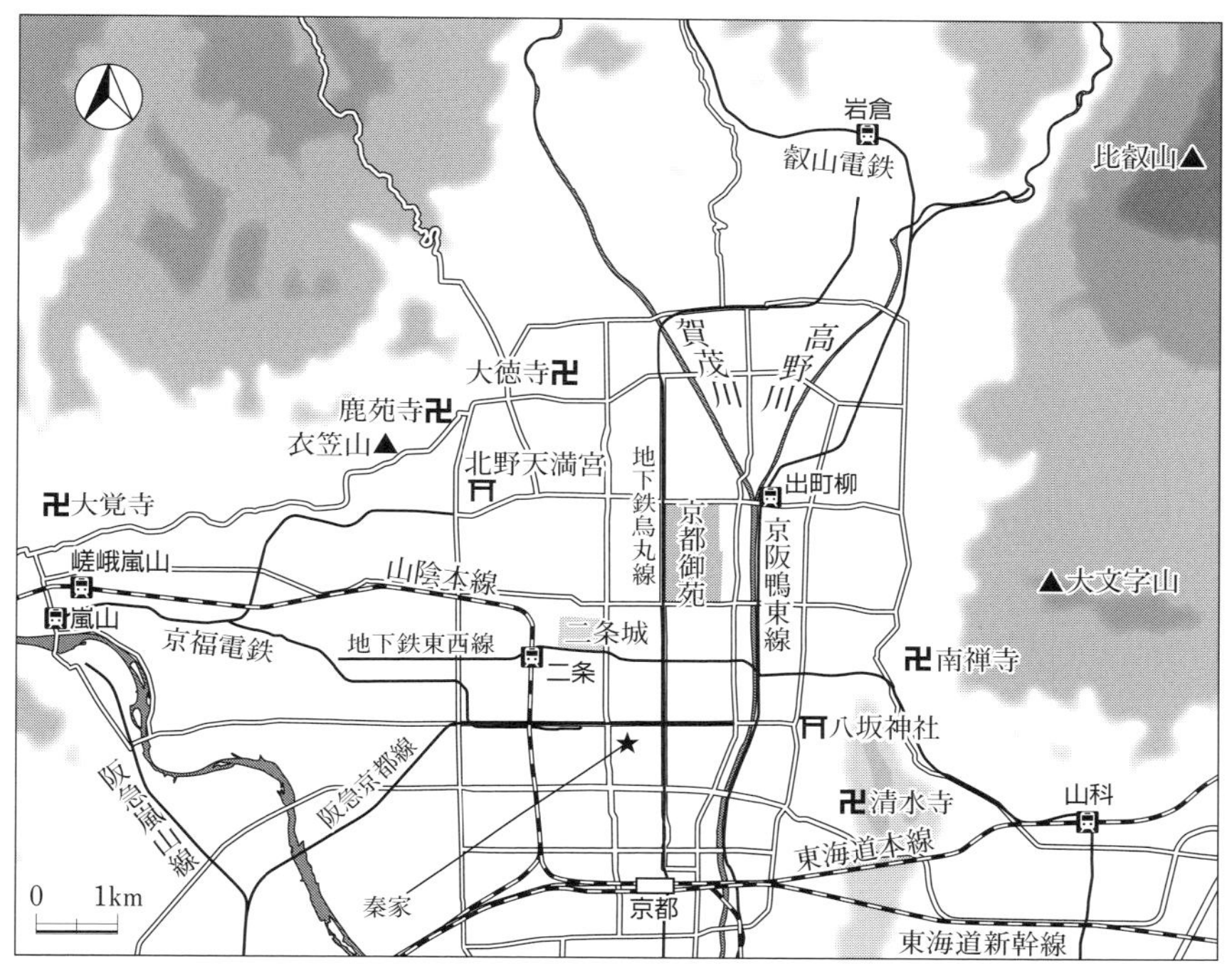

京都市地図

四条
四条通
地下鉄烏丸線
堀川通
醍ヶ井通
油小路通
西洞院通
新町通
室町通
烏丸通
秦家
仏光寺通
高辻通
0
100m

秦家周辺地図

第一章　ようこそ秦家へ

〔執筆〕三枝暁子

■秦家の奥へ

本章ではまず、現在の秦家について建物内部の様相から紹介し、そこで具体的にどのような暮らしが展開されているのか、みていくことにしたい。

秦家が位置するのは、京都市の中心部・下京区の太子山町である。太子山町の名は、毎年七月に行われる祇園祭の山鉾（山車の一種）「太子山」（聖徳太子を祀る）に由来する。町を南北に貫く油小路通は、ふだんは静かな通りであるが、祭の季節になるとかなりの人出となる。とりわけ太子山の懸装品（山鉾を飾る織物などの装飾品）が、太子山町の人々の手によって秦家の「店の間」に飾られる七月一四～一六日には、大勢の観光客でにぎわう。

現在の太子山町は、マンションや個人宅の立ち並ぶ現代都市の風貌を見せているが、町の成立した江戸時代は、商家の並ぶ町だった。その面影を今に伝え、表屋造り（道路に面し店舗として用いる表棟とその奥の居住棟とを玄関棟でつなぎ中庭を配した建築様式）、平格子・出格子窓（図1）という秦家のたたずまいは、祭の季節はもちろんのこと、平時においても油小路通を歩く人の目をひく（図2）。どっしりとした表棟の大戸の先には、いったいどのような世界がひろがっているのだろうか。

油小路通に立って秦家の外観をながめてみると、一階表棟のカド（玄関入口）の右手に、「店の間」が見える。店の間の表には平格子・出格子窓がはめられ、二階には虫籠窓がある。大屋根と通り庇の屋根面に起り（破風の上面の凸曲線）があり、軒先には一文字瓦がある。二階の虫籠窓の前には、「奇応丸」と書かれた屋根看板とガス灯がそなえられている。

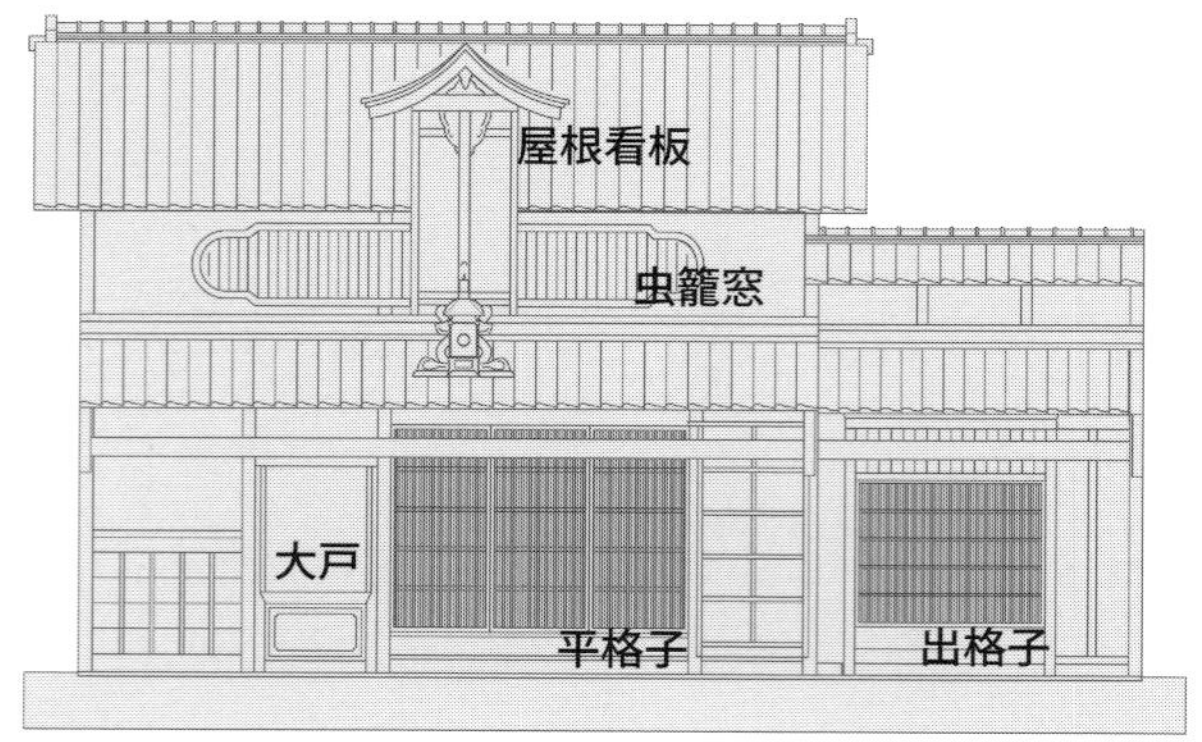

図１　秦家表構え（https://www.hata-ke.jp/about/）

図２　秦家外観

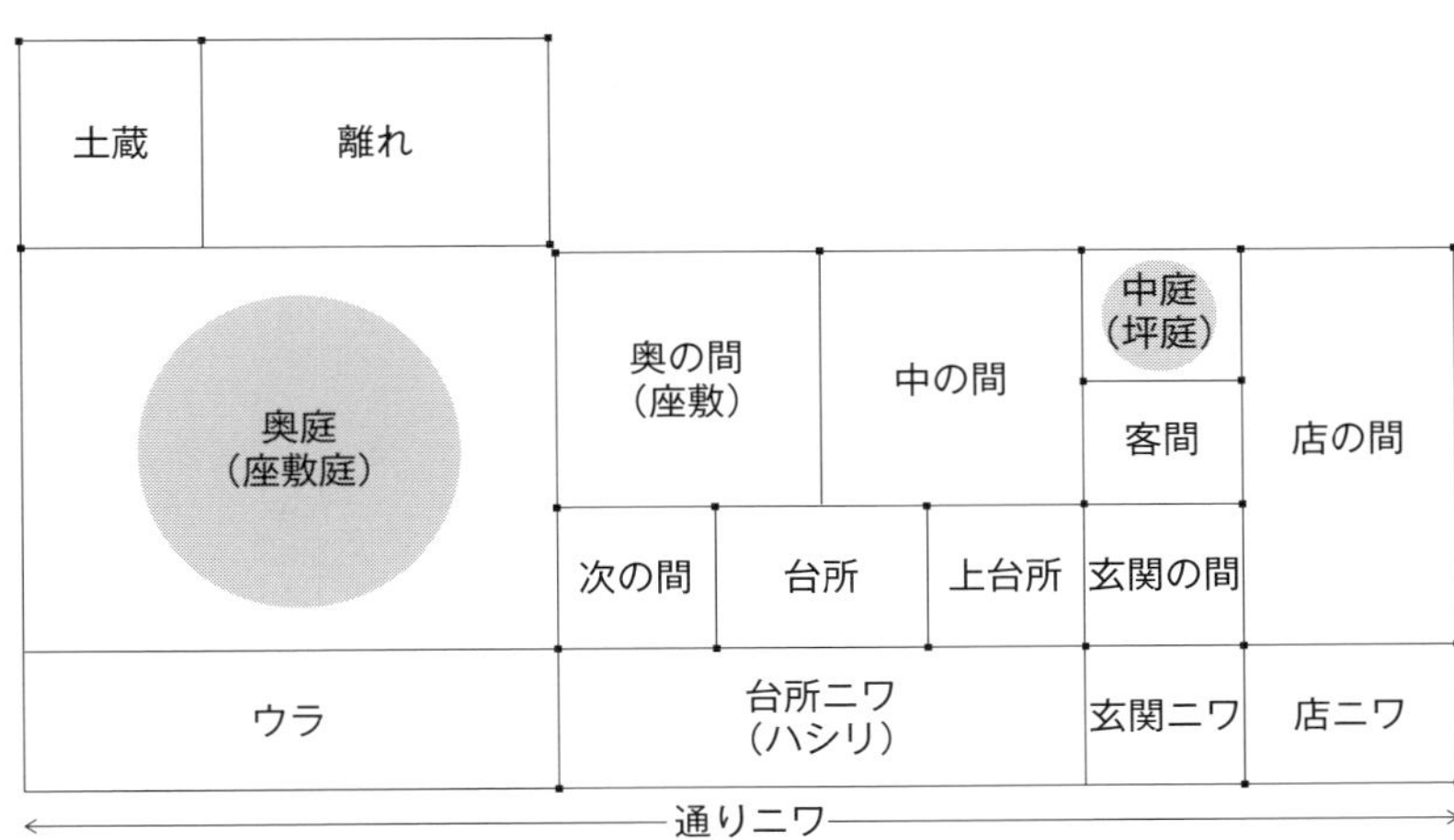

図３　秦家１階平面図（https://www.hata-ke.jp/about/ をもとに作図）

カドは、大戸と格子戸とガラス戸によって三重に守られている。昼間は、ガラス戸が立てられ、家の中から外の様子をうかがうことができる。カドから中に入ると、細い土間（店ニワ）が奥に向かって続き、右手には通りに面して店の間が、また左手には押入がしつらえられている。

店の間は、薬種業を営んでいた一九八七年（昭和六二）まで、奇応丸を買い求める客への応対や商談をする場として機能していた。現在も「奇応丸」と書かれたどっしりした置看板（おきかんばん）と煙草盆（たばこぼん）とが置かれている。奥には薬だんすがしつらえられており、様々な薬の原料が収められている。

表棟の店ニワの土間をさらに奥へと進むと、玄関棟へと至る。玄関棟は、土間に面した三畳の「玄関の間」とその奥の四畳半の客間から成っている。現在、秦家を訪れる人の多くは、この玄関の間から家に上がることになる。玄関ニワの沓脱石（くつぬぎいし）から靴を脱いで上がると、玄関の間の片隅に活けられた花が、凜としたたたずまいで客人を迎え入れてくれる。

一方四畳半の客間からは、中庭（坪庭）をのぞむことができる（図4）。中庭は、店の間と奥の間との間に光と風を通す、大事な役割を担っており、「うなぎの寝床」ともいわれる細長い造りの町家によく見られるものである。秦家の中庭には、石灯籠と棕櫚竹がしつらえられている。夏の明るい陽射しの中、風にそよぐ棕櫚竹の姿には、どこか異国情緒を感じさせる風情がある。

客間を出ると廊下があり、右手に進むと六畳の「中の間」に、まっすぐ進むと「奥の間」に通じるようになっている。中の間はもともと、奥の座敷への控えとして機能する空間としてしつらえられたが、秦家では長らく家族のための居間として使われてきた。中の間の先には八畳敷の奥の間が続き、二つの部屋の間は透かし欄間と襖とで隔てられている。

奥の間へ進むと、奥庭に向かって右手の壁側にしつらえられた、仏壇と違い棚、床の間が目に入る（図5）。仏壇と床の間が、後述する秦家の年中行事と深く結びついていることをふまえると、奥の間は、何より家の継承・存続において重要な役割を帯びた空間であるといえる。こうした性格も手伝って、奥の間は限られた客人のみが通される特別な部屋であり、家族といえども日常的に用いる空間ではない。ただし元旦のときだけは、家族がこの部屋に勢ぞろいし、一緒におせちをいただきお祝いをする。

奥の間の先には縁が通り、その先には奥庭（座敷庭）が広がっている。奥庭に向かって右手の外廊下を進むと、離れと土蔵がある。また、左手の外廊下を進むと、お風呂とお手洗いがある。

奥庭には紅葉の木や、椿が植えられ、切支丹灯籠が置かれている。この切支丹灯籠は、川端康成が一

図4　客間から中庭をのぞむ

図5　奥の間

九六一～六二年に書いた小説『古都』にも登場している。すなわち『古都』冒頭の章「春の花」に、「すみれの花の下あたり、もみじの根かたには、古い灯籠が立っている。灯籠の足にきざまれた立像を、千重子の父はキリストだと、いつか千重子に教えたことがあった」という描写がみられる（新潮文庫、七頁）。主人公の千重子の家の庭に、キリストを彫り込んだ石灯籠があり、その灯籠を千重子が眺めている場面である。千重子は、小説の中では京都室町の呉服問屋を営む家で育てられた女性として設定されているが、川端は『古都』を執筆するにあたり、京町家の特質を理解するため、秦家を訪問・取材した。

そもそも「古都」という言葉で奈良や京都が自らを表象するようになるのは、第二次世界大戦後のことであるといい、より一般化するのは一九六六年の古都保存法（古都における歴史的風土の保存に関する特別措置法）以降のことである（高木博志『近代天皇制と古都』）。いわばそれまでの伝統的な産業のありかたや生活様式が変化し、京都の「歴史的風土」の保存が必要とされ始める時期――高度経済成長期に相当する時期――に、『古都』は書かれた。その主人公の居住空間として町家が設定されていることは、町家もまた、一九六〇年代に入ると京都において当たり前の存在ではなくなりつつあったことを示していよう。

以上、玄関の間から奥の間そして奥庭へと、いわば秦家の客人向けの空間を見てきた。続いて、秦家に住まう人々のための空間について、見ていくことにしたい。

■秦家の台所

再び、秦家の正面入口から入ったところにある店ニワに戻ってみよう。店ニワの細い土間を進むと、右手に玄関の間があることはすでに述べた。玄関の間を過ぎてさらに土間を正面奥に進むと、暖簾と格子戸（くぐり戸）がある。ここを通った先に、台所ニワ、すなわちハシリ（走りニワともいう）の長細い土間がある（図6）。ハシリはそのまま裏庭へと続いていくが、左手側面には炊事場（ハシリモト）が設けられている。そして今も昔も、秦家に住まう人々の食を支えている（図7）。

今はステンレス製のガス台とシンクの置かれたハシリモトだが、かつては吹き抜けで、竈（おクドさん）が置かれていた。番頭さんが薪を割ってごはんを炊き、お手伝いさんを含む家中の女性たちで食事作りを行っていたという。

ハシリの夏は暑く、冬は寒いが、それでも裏庭からサッと風が入ると夏場でも涼しく感じられ、石油ストーブが置かれる冬には、ストーブの上でふつふつと沸く湯の音に心身があたたまる。炊事場上部の神棚の下には、三宝荒神さん七体が祀られている。家族の健康を守る、台所の神様である。

ハシリの右手には、上台所・台所・次の間の三室が並んでいる。このうち上台所には、畳が敷かれ、神棚がしつらえられている。かつてはここに長火鉢がおかれ、家族が一息つく場として機能していた。上台所には二階へと続く階段も設けられており、隣りの台所との間に、大きな大黒柱が建っている。続く台所には、食卓や椅子が置かれており、家族が食事をする場となっている。隣接する次の間は、これまで様々な使われ方をしてきたが、現在は、食器類を収めた食器棚とハシリモトよりも簡素なシンクが

図6　ハシリ

図7　炊事場(ハシリモト)

置かれ、祇園祭のときなど大勢の客人を迎え入れる場合にハシリの補助的な役割を果たす場となっている。

ハシリや上台所・台所・次の間は、あくまで秦家に住まう人のための、内向きの空間である。したがって、本来は、外から来た客を迎え入れる場ではない。その一方、「食」を通じ、この家で暮らし生きていく人々を根底から支える場であるという点で、家の核となる空間である。町家といえば、風格ある表棟の造りや、床の間のある奥座敷、坪庭・奥庭のながめなど、もっぱら客として迎え入れられる空間をイメージする人の方が多いだろう。しかし、町家が何より人の住まう場、生活する空間としての歴史を積み重ねてきた場であることを示すという点で、ハシリや台所にこそ、町家の真髄があるといっても過言ではない。

現在、秦家では家の内部を一般公開し、見学者を招き入れて家の歴史や文化について解説するとりくみを行っている。その際には、店の間や奥の間のみならず、台所やハシリにも案内している。さらに「お料理の会」や「お餅つきの会」などを企画しながら、ハシリや台所にも人を招き入れ、住まう人が日々食しているもの・食してきたものを披露し共有する活動も行っている。こうした取り組みは、これまで客人を迎え入れることはなかった空間に、客人を迎え入れるという点で画期的な意味をもつ。そこには、そうすることによって初めて町家の魅力――それも生きた暮らしの場としての――が伝わるという、秦家に住み暮らしてきた人々の強い信念が現れている。

■秦家の料理

それでは実際に、秦家のハシリや台所からどのような暮らしがみえるのだろうか。ここでは、秦家で開催されている「お料理の会」の様子を紹介しながら、少し具体的にみていくことにしたい(図8)。

現在秦家では、ホームページ等で参加者を募りながら、グループもしくは個人の参加による「お料理の会」を開催している。一回かぎりの場合もあるものの、グループでの参加を月に一度のペースで恒常化させていく場合が多く、複数のグループが毎月一度は秦家の台所に立って料理を楽しんでいる。最近は、一人でも参加できるかどうか問い合わせを受ける機会も増えているといい、一人で参加する者同士で料理をつくる日を別に設けているという。女性ばかりでなく、男性もグループで、または個人で参加している。また、中国やアメリカ、ドイツなど、世界各国から来日する旅行客の中にも秦家で料理を楽しみたいと希望する人があり、通訳をはさみながら、食を通じた文化交流も進めている。

京町家で作る料理といえば、懐石料理をはじめ、料亭や割烹で食するような高級な和食を思い浮かべる人もいるかもしれない。しかし秦家の「お料理の会」では、あくまで秦家の日常的な料理の延長にあるもの、もっといえば秦家の日常的な食卓そのものの再現に重きがおかれている。したがって、和食に限らずカレーやグラタン、チキンソテーなど、洋食を作る機会は多い。また和食も、ちらし寿司や野菜の炊き合わせ、かぶら蒸し、おからなど手のこんだものばかりでなく、あんかけうどんやきんぴらごぼう、青菜の胡麻和えや豚の生姜焼きなど、肩ひじはらずに作れるものも多い。町家という非日常的な空間で非日常的な料理を作り味わうことに重きがおかれているというよりはむしろ、秦家で培われてきた

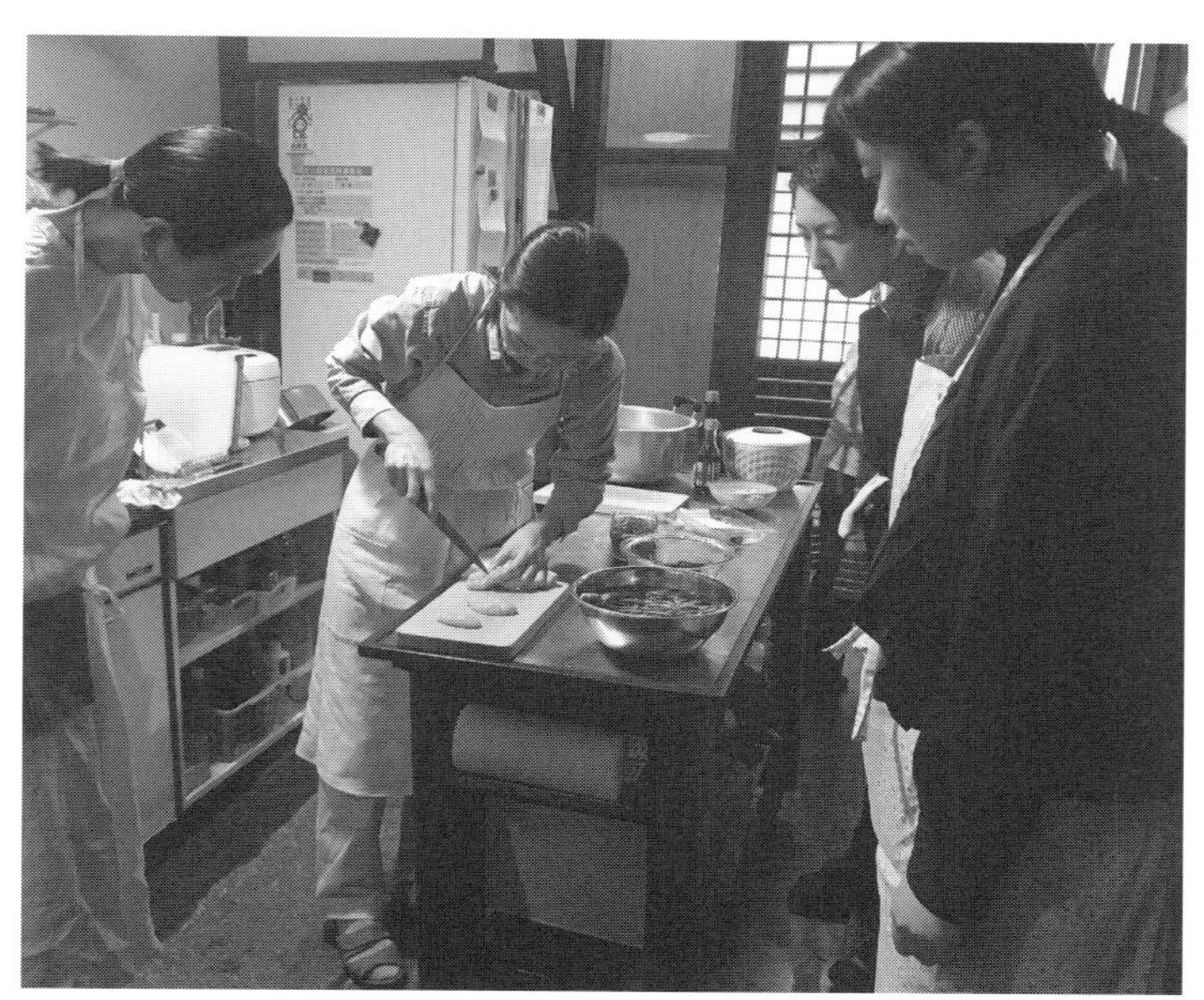

図８　お料理の会

暮らしの一端を、料理を通じて知り、それを分け合う機会となっている。

調理道具についても、使い込まれた包丁や鰹節削り器も使えば、ハンドミキサーや電気オーブンも使うなど、新旧さまざまである(図9)。歴史を積み重ねてきた家といえども、古いものをひたすら使い続けるというわけではなく、使い勝手のよいものはそのままに、新しいものも取り入れながら、暮らしを刷新している様子がうかがえる。そもそも暮らすということそのものが、創意工夫による刷新と切り離せないものであることを思えば、当然のことともいえる。

調味料は、塩・胡椒・砂糖・醤油・酢・サラダ油・オリーブ油など、たいていの家庭にあるものを使う。味付けは、秦家で用意するレシピに書かれた調味料の分量を目安に行うが、必ず自分の目で色を見て舌で味を確かめながら調理する。既製のドレッシングやソースは使わず、カレールーさえ身近な材料で自分で作る。作ってみると、それほど手間も時間も要しないことに気づく。だしとなる素材も、かつお、昆布、椎茸ばかりでなく、トマトやセロリなど、様々な野菜が用いられる。特に濃い味つけをしなくても、素材の味だけで十分満足できる味に仕上がる。

ただし注意されるのは、用意されるレシピに、必ず旬の食材が取り入れられていることである。春には筍や木の芽、初夏には山椒の実や梅、夏には茄子や鱧、秋にはきのこや栗、冬には畑菜やかぶら、甘くなった大根、などなど……(図10)。こうした季節の食材を、ハシリを吹き抜けていく初夏の風や、ひんやりと足もとからただよい始める初冬の空気を感じつつ料理していく。春に作る若竹煮には、裏庭に植えられた山椒の木から採った木の芽が添えられ、初夏には同じ山椒の木になった実が摘み取られ佃煮

図９　鰹節を削る（撮影：三枝）

図 10　実山椒を選り分ける（撮影：三枝）

図 11　出来上がった料理をみんなでいただく（撮影：三枝）

に……と、庭もハシリの延長線上にある。湯がいたきゅうりの鮮やかな緑、野菜を切る音、鍋からたちのぼる美味しいにおいなど、料理をすると五感が研ぎ澄まされていく。そのときどきの季節のめぐみを、指先ばかりでなく全身で感じながら料理をしていると、人間も自然の中で生かされていることを街中にいながらも感じることができる（図11）。

薬種業という生業が代々続いてきた、その前提には生業を支える暮らしがあり、その暮らしの根幹に日々の料理がある。料理は口に入れれば消えていくものであるが、いつ何をどのように調理し食べるのか、余った食材はどのように始末するのか、口伝えで継承されてきた情報の中に、先人たちの知恵がつまっており、そこに家の文化が凝縮されている。秦家の料理にふれることは、建造物としての町家の構造分析や伝来文書の解明とは異なる位相で、秦家の歴史と文化にふれることを意味する、きわめて豊かな経験である。

■秦家のお正月迎え①——お餅つき

次に、秦家の暮らしの様相を、年中行事のありようから少し詳しく紹介していくことにしたい。

まず、一年の始まりである、お正月の準備の様子から見ていく。お正月迎えの本格的な準備は、年末の一二月二九日に「御鏡」（鏡餅）をつくるところから始まる。

具体的には、四段重ねの蒸籠を用いて、お米を蒸すところから作業が始まる。蒸籠には、一段につき二升分のお米が入る。上から一段目に、うるち米と餅米を四対六で合わせて入れた蒸籠、二段目に、粟と餅米を合わせた蒸籠、三段目と四段目に餅米のみを入れた蒸籠を置いて、蒸す。下から順番に蒸しあがっていくので、四段目から三段目へと蒸しあがった順番に、臼に入れて杵でついていく。お餅がすべて蒸しあがったら、今度はお正月にお雑煮としていただく祝い大根と頭芋（サトイモの親芋）を蒸す作業を行う。

このように、お米を蒸して餅をつくところからお正月の準備を始める家も、今は少なくなってきた。秦家では、家の公開を始めるようになってから、毎年一二月二九日に「お餅つきの会」を開き、餅をつく体験の機会を設けている。一人で、あるいは家族で、あるいは知人を誘って集う人々が、慣れない手つきで杵を持ち、餅をつく。餅つき役と臼とり役（餅にまんべんなく杵が当たるよう臼にサッと手を入れ餅をこねる役）との二人がかりの作業は、力と呼吸を合わせて行う必要がある。最初はおそるおそる、次第に一定のリズムを刻みながら杵が振り下ろされていく。順番待ちをしながら、みなじっと杵の行方を見守り、ときにはどっと笑い声も起こる。持ちなれない重い杵を、身体のバランスを崩すことなく餅の中心に振り下ろすのはなかなか難しい（図12）。うまく行けば、芯に当たり、パン！という快い音が響くが、そうでなければ、ペシャッといったたよりない音がする。臼とり役も、見ている分には簡単そうだが、やってみると難しい。餅の熱さに耐えながら、杵が振り下ろされる一瞬の間に臼に手を入れ下からぐっと餅を裏返す。もたもたしていると、餅つき役の手も狂い、なかなか餅がつき終わらない。

ストーブがたかれているとはいえ、真冬のハシリは寒く、足もとから冷えがしのびよってくる。皆厚着してやって来るものの、蒸籠から立ち上がる湯気、そして思いのほか大変な餅つき作業、そして時折

図12　お餅つき(撮影：三枝)

響く笑い声に、しだいに寒さも忘れていく。

つきあがった餅は、①餅米でできたもの、②うるち米と餅米を合わせてできたもの、③粟と餅米を合わせてできたもの、の三種類になる。②は、お正月に家で食べるためのもの、①・③は家の中の各所にお供えする御鏡のために作るものである。いずれも台所へ運ばれ、御鏡用に小判型や丸型に成型していく(図13)。御鏡の形や重ね方は、供える先によって異なる。例えば、太子さんや仏さんには、丸く成型した③の餅を同じく丸く成型した①ではさんで二つ重ねにした御鏡を供える。床の間に飾られる三十番神(さんじゅうばんしん)さんには、三つ重ねの餅を供えるが、真ん中は粟餅で餅の形は小判型(こばんがた)である。一方、ハシリに祀られた三宝荒神(さんぼうこうじん)さんには、①の餅を丸く成型して三つ重ねにして供える。さらに上台所の歳徳(としとく)さんには、①を小さく丸めて成型したものを一二個並べた「一二の餅」を供えることになっている。

御鏡を作り終わると、お正月飾りの「餅花(もちばな)」作りの作業も始められる。黒文字(くろもじ)の枝に、紅白のお餅をつけていく。赤い餅は、ついた餅に桜の塩漬けを混ぜて作られる。小さくちぎった餅を、水でぬらした手で枝につけていく、ただそれだけのことなのに、気づけば枝から餅が落ちていく。落ちないよう、枝ぶりをよく観察しながら、つけていく。

こうした作業の合間合間に、つきたての餅がふるまわれ、そのたびごとに歓声があがる。まだあたたかくやわらかい餅はそのままでもじゅうぶん美味しく、いくらでも食べられる。お醤油をつけて食べ、おろし大根をからめて食べ、あんこを包んで食べ……、顔もほころび、初めて会った者同士のぎこちなさも次第になくなって、おしゃべりが尽きない。最初は一度だけのつもりが、次の年もまた次の年も

図13　御鏡作り

……と回を重ねるようになった人も多く、いつの間にかお餅つきは秦家にとってばかりでなく来る人にとっても大事な年中行事になっている。年末のあわただしい時期に、大勢でつくるつきたてのお餅の味恋しさに、京都とその周辺、さらには東京からも人がやってくる。皆で協働し、笑い、おしゃべりし、つきたての餅を味わいながら年越しをしていく。

■秦家のお正月迎え②——お供えと祝い膳

にぎやかなお餅つきの会も終わった翌三〇日には、供え餅の飾りつけを行う。三方(さんぼう)の上に、裏白(うらじろ)(シダ)・ゆずり葉・古老(ころ)柿を載せ、その上に餅を重ねていく。その上に串柿と昆布、最上部に橙(だいだい)を飾る(図14)。こうして出来上がった供え餅は、家の中にある、三宝荒神さん、仏さん、三十番神さん、大黒さん、神の棚さん、歳徳さん、離れの巳(みい)さんの前に供えられる。正月一日・七日・一五日には灯明もともされるという。御鏡はまた、太子山町の会所(かいしょ)や秦家の菩提寺である了光院(りょうこういん)、さらには了光院の近くにあるお墓にも供えられる。

そしていよいよ大晦日前日になると、カドの両脇に、「根引(ねび)きの松」が飾られる(図15)。松の枝を依代(よりしろ)として訪れた神が根付くことにより、幸福が訪れるといい、毎年この季節になると京都の花屋の店先に並ぶ。根引きの松に加えて、かつては、表屋の大屋根の「奇応丸」の看板に、大玉の注連縄飾(しめなわかざり)を取り付けていたという。

一方、家の中の玄関の間や土蔵の入口、床柱や、ハシリモト、お手洗いなどの水回りには、「輪飾り」

図 14　御鏡の飾りつけ

図 15　カドの両脇に飾られた根引きの松

とよばれる注連飾りをかける。こうすることによって、新しい年の福徳をつかさどる神様をお迎えするのである。また、玄関の間には、千両やおもと、水仙の花など季節の花を活ける。さらに奥の間にある床の間には三十番神の掛軸がかけられ、その前に御神酒と灯明皿が置かれ、左に金銀の水引をかけた若松の御生花、右に御鏡が供えられる。

ハシリで、お正月にいただく「三種」の準備もする。三種とは、ごまめと数の子とたたきごぼうのことである。三種にお雑煮、そしておくもじ(大根の漬物)を家紋入りのお膳にのせて、「祝い膳」とする。お雑煮は、丸餅と頭芋・祝い大根(小さく細い大根)・小芋を昆布だしで炊いたところに、白味噌をといて作る(図16)。頭芋をお雑煮に入れるのは、人の先頭にたてるほど出世できるようにとの願いがこめられている。また、くわいや金時人参、結びこんにゃく、焼き豆腐、干し椎茸などを煮しめて、お重に詰めておく。

こうして準備がととのえられ、ようやく迎えた正月三が日は、各所にお供えをするところから一日が始まる。すなわちお餅と炊いた大根を小皿に載せて白味噌の汁をかけた雑煮が、三宝荒神さん、三十番神さん、氏神さん、大黒さん、巳さん、歳徳さん、仏さんの各所に供えられる(七日には七草粥、一五日には小豆粥を供える)。

お供えが終わると、前日にほぼ用意のできていた祝い膳を奥の間に運ぶ。そして家族同士で、年賀の挨拶をする。そして大福茶(梅干しと昆布に煎茶を注いだもの)をいただき、次いでお屠蘇をいただいてから、祝い膳をいただく(図17)。

図16　お雑煮

図 17　祝い膳をいただく

昨日まであわただしく正月準備に明け暮れていた家の中も通りの外も、元旦とあってさすがに静かである。ガラス障子の向こうには、透明でしんしんとした冬の寒さがひろがっている。無事新年を迎えることができたことに感謝しながら、三が日の間は、仕事も家事もお休みし、家を守ってくれている神様とともに静かに過ごす。

三が日が無事に過ぎると、「鏡開き（かがみびら）」となる。各所に供えられた御鏡の餅が下げられ、鏡開きをする。餅は、切り餅にして食べるほか、「かきや」（おかき）にして保存する。

かきや作りは、お正月迎えのあとの、ちょっとしたお楽しみである。餅を薄く切ってひと月ほど干した後、火鉢の炭火の上に網を置き、水に一度さっとつけて焼いていく。焼いている間、香ばしいにおいが部屋中に立ち込める。焼けたら、濃口醤油と薄口醤油、砂糖、粉山椒で作ったたれにつけて、「おぼませた」炭火の上で乾かす。おぼませるとは、火鉢の炭火に灰をかけて残り火のくすぶる状態にすることをいう。こうしてできたかきやは、瓶に入れて保存すれば、二年も三年ももつという。同様に、餅花も火鉢で炒って、あられにする。餅花の餅を炒ると、次第に白っぽくふくれはじめ、見る間にあられになっていく。

かきやもあられも、年末について作った御鏡や餅花を、できるだけ長くそして最後まで美味しくいただくため、先人たちが編み出した保存のための知恵といえる。今ではおかきもあられも、買って食べることがあたりまえになっているが、天日や炭火の力を借りながら、節供（せちく）であった餅が見事におかきやあられへと転身していく様子に目を奪われる。

■お彼岸——よもぎ団子(だんご)のお供え

次に、三月のお彼岸の行事の様子について紹介したい。お正月迎えと同様に、秦家のお彼岸もまた、手間と時間をかけて迎えられる。そこには先祖代々、家を守り続けてきた人々への供養の思いがこめられている。

お彼岸の準備は、まだ肌寒さの残る三月一八日に、よもぎ採(と)りに出かけるところから始まる。出かける先は、京都市西部を流れる桂川(かつらがわ)の土手である。土手に生えているよもぎの根元を、持参した「肥後守(ひごのかみ)」(折りたたみ式ナイフ)で切り採っていく(図18)。

三月半ばの土手の地面は、枯草(かれくさ)ばかり。そこにちらほらと芽吹いたよもぎの緑が見える。お彼岸によもぎ団子を食べるのは、よもぎに厄除(やくよ)けの力があるから、あるいはお腹の調子をととのえる効能があるから、など様々な言い伝えがある。しかし何より、冬の間地面の下で根を張り力をたくわえてきたよもぎが、枯草の間から芽吹く、その生命力をいただくことに意味があるのだろう。風は冷たいのに地面はぬくもっていて、テントウムシが動き回っている。街中の家にいると気づくこともない春が確かに来ていることを、手に触れる土が教えてくれる。そして京町家の暮らしが、季節のうつろい、そして京都近郊の野山の自然と共にあることをしみじみ実感させてくれる。

よもぎの葉が、ビニール袋いっぱいに採れたら終了となる。帰宅したら、すぐに水をはった盥(たらい)によもぎの葉を入れて一時間ほど置いておく。そうすると葉がしゃんとなる。しゃんとなったらザルにあけて

図18　桂川でのよもぎ採り

選り分け、よもぎの根元の黒い部分を、ひねって取り除く。この処理をしておかないと、団子の口当たりが悪くなってしまう。

その後、大きな鍋を用意して水を入れて沸騰させ、よもぎを湯がく。このとき、正月飾りに用いた注連縄などの藁（わら）を焼いて灰にし、布袋に入れたものを灰汁（あく）抜き用に入れる（図19）。前の行事に用いられたものが、ゴミにならずに再利用されて、次の行事に活用されるしくみになっている。湯に入れたよもぎからは独特の強い香りが放たれ、よもぎの緑がいっそう色濃くなっていく。柔らかくなったらザルにあけ、藁灰（わらはい）の黒い色が抜けるまで、水でよく洗う。洗ったよもぎを包丁で細かくなるまでひたすらたたく。細かくなったら一つにまとめ、冷蔵庫へ入れてそのまま二日ほどねかせておく。

三月二〇日、よもぎ団子の中に入れるあんこを作る。一晩水につけておいた小豆を、途中「びっくり水」を二度ほど入れながら一時間以上炊く。炊き終わったら、鍋の上に重ねておいたザルにあけ、豆と煮汁に分ける。煮汁の入った鍋の方に、きび糖を入れて、泡が吹いてあめ状になるまで煮る。煮汁があめ状になったところに小豆を入れ、シュッと音がしたらおちょこ一杯分の酢と塩少々を入れる。ここで酢を入れると、あんこにツヤが出るのだという。

お彼岸当日の三月二一日、いよいよお団子作りも佳境に入る。まず、寿司桶を二つ用意し、上新粉を入れる。そこに少しずつ湯を入れていき、しゃもじで混ぜる。その後手も使って混ぜ、両手でまるめて押してこね、寿司桶一つにつき二つのかたまりを作る。それを蒸籠にならべ、ふきんをかぶせて、強火

図 19　よもぎを湯がく

図 20　よもぎ団子作り

図 21　よもぎ団子の完成

で蒸しあげていく。臼の中に蒸しあがった餅のかたまり二つと前々日から冷蔵庫でねかせてあったよもぎを入れて、杵でつく。その際、塩を少し入れる。白い部分がなくなるまでつき、光ってきたら、手で下から上へたたむようにしてこねる。残り二つは鍋の中で一つずつこねる。こねた餅をピンポン玉大にちぎって団子状にし、水でぬらした木型でギュッと押す(図20)。できた餅の皮にあんこを入れてそれを折りたたむと完成、である(図21)。

出来上がったよもぎ団子は、奥の間にあるお仏壇に供えられる。お彼岸にあたり、よもぎ団子を作らなかった年は、これまで一度も無いという。できあがったよもぎ団子は、昔はお仏壇に供えられるばかりでなく、交番や床屋さんをはじめ、町内に配って歩いた。その「お供養のお裾分け」を配るのは子どもの役割で、子どもはこうした機会を通じ、家と町とのつながりを意識するようになっていったという。

■お盆

先祖への供養のため、もう一つ欠かせない行事が、「お精霊さん」(先祖の霊)をお迎えする、八月の盆行事である。この行事も入念に準備がなされる。

まず、八月一〇日に京都東山の珍皇寺へ、先祖の霊の依代となる高野槇を求めに出かける。そしてこの一〇日から一二日の夕方までに、お仏壇を飾る荘厳を磨きあげ、内敷きを金襴の織物にかけ替える、「おみがきもん」を行う。さらに、七色の供物(蓮の葉にのせたほおずき、ささげ、インゲン、なす、金時いも、

図 22　お精霊さんへのお供え（撮影：小林）

図 23　了光院のお上人さんによるお参り（撮影：小林）

青柿、すいか）と、高野槇、蓮の葉を浮かせ水をはった鉢、一本しきみと仏花をお供えする（図22）。そして一二日の夕方、お精霊さんを「おちゃとう」と呼ばれる熱い番茶でお迎えする。

一三日には、菩提寺了光院のお上人さんによるお参りがある（図23）。この日から一五日まで、毎日、お精霊さんのために精進料理をお供えする。お供えした料理が、そのまま家族の夕餉となる。

また精進料理とは別に、「けんずい」とよばれるおやつも毎日お供えする。一三日にはおはぎとすいかを、一四日にはそうめんを、一五日には蓮の葉を敷いて蒸したおこわと奈良漬けをお供えすることに決まっている。

一六日の早朝に、最後のおちゃとうをお供えし終わると、すべての供物を縁側の台の上に並べる。そして線香をともし、その煙とともに家からお精霊さんを送り出していく。この日、京都には夜に焚かれる五山の送り火を一目みようと多くの観光客が訪れる。五山の送り火は本来、京都の家々のお精霊さんを、あの世へと導いていくために焚かれるもので、秦家の大屋根にしつらえられていた「火の見櫓」からも、五山の送り火が見えていた。今は市中に建ち並ぶビルにさえぎられ、それもかなわず、送り火によってお精霊さんが無事戻って行くことを、家の中で静かに念じながら過ごす。

■正五九

これまでみてきた、お正月迎えやお彼岸、盆行事いずれも、神前や仏前にお供えをすることが、行事の中核にある。すなわち御鏡作りやよもぎ団子作りは、現在秦家に暮らす人々のためにあるというよりはむしろ、代々秦家に暮らしてきた人々や秦家を守ってきた神仏のためにある。年中行事は、これまで家を支えてきた人々や神仏に感謝する機会であると同時に、その積み重ねを通じ、家の安泰とさらなる存続をはかる機会ともなっていることがわかる。このことをよく示す行事として、次に「正五九」について紹介しておきたい。

正五九とは、毎年正月・五月・九月の一九日に、秦家に菩提寺了光院の「お上人さん」をお迎えして行われる祈禱をさしている。なぜ一九日に行うのかといえば、この日が、奇応丸の元祖とされる初代松屋与兵衛の命日にあたるためである。

正月・五月・九月の一九日には、奥の間の床の間に、法華経の守護神とされる三十番神の軸をかけ、鬼子母神の納められている厨子を祀り、供物をそなえる。供物は、供餅と仏飯を基本として、一月にはあんぽ柿を、五月には枇杷を、九月には柘榴を用意することになっている。また、供花も、一月には水仙を、五月には白菖蒲を、九月には紫苑を活けることに決まっているという。

正五九の行事において祀られる鬼子母神は、求児・安産・育児の神様として知られるとともに、法華を受持する者を守護するといわれている。子どもの生存率が低かった時代に、奇応丸を求めて子どもの健康を祈る母親の姿と鬼子母神とが重ね合わせられるなかで始まった祈禱であるといわれ、秦家の生業と深く結びついた行事である。

祈禱をするのは、秦家菩提寺了光院の「お上人さん」(志﨑英應住職)である。了光院は、戦後まで六条堀川に所在し、今は山科に移転している日蓮宗の本山寺院の一つ本圀寺の旧塔頭であり、本圀寺第一四世の蓮光院日助（一四九五～一五五三）を開祖とする。日助は、戦国時代の公家・花山院家の藤原政長の猶子（仮の親子関係を結んだ子ども）となった人物で、本圀寺に三三年住した（伊藤瑞叡編『正嫡付法〔中巻〕本圀寺史料』）。後述するように、法華信仰は、戦国時代の京都において「町」の形成や町人の「家」の形成に大きな影響を及ぼした。秦家の歴史はそれよりあとに始まるものの、その信仰は、町や町人の成立する時代の面影を今に伝えている。

祈禱の準備がととのうと、奥の間の神前にお上人さんが座り、その後ろに秦家の人々が頭を下げて静かに控えている。お上人さんの読経は、最初こそおだやかに始まるものの、途中、立ち上がって仏前と神前の間を行き来したり、火花をちらしながら火打石を打ったり、拍子木を鳴らしたり、参列している一人一人の身体をさすったり……と、しだいに高揚感あふれるものになっていく。祈りが激しいものであればあるほど、奇応丸にこめられた、健康を願う過去の人々の切実な思いがしのばれるとともに、今こうして生きて守られていることに安心を得る。

了光院の数ある檀家の中でも、このような行事を行っている家は、今や秦家のみであるという。かつて江戸時代以来の由緒をもつ町家が京都のあちらこちらにあった時代には、それぞれの生業と結びついた信仰のもと、個々の家で様々な祈禱が行われていたはずである。生業が失われ、生業を支えた町家という暮らしの場が消えていくことは、かつて存在していた、信仰を通じた家と寺院とのつながりとその作法が失われていくことを意味する。生業が失われてもなお、秦家において、生業と深く結びついた行事が年に三度も行われ続けていることは稀有なことといえる。そこには、秦家のいまを生きる人々の、家業と家業を支えてきた人々への深い敬愛の念とともに、信仰の継承を通じ、先人たちの家業に対する思いをも受け継ごうという強い意思が現れている。

■祇園祭

これまで、秦家を守ってきた先祖や神仏にかかわる行事や、秦家の生業とかかわる行事を紹介してきた。次に、町をはじめ、家のソトとのつながりにおいて重要な行事といえる祇園祭について紹介したい。秦家と太子山町および祇園祭との関係については第二章で詳述するので、ここではあくまで、秦家内部における祇園祭の過ごし方について紹介していく。

祇園祭といえば、山鉾の巡行する、一七日の前祭と二四日の後祭を思い浮かべる人が多いと思われるが、祭自体は、七月一日の「吉符入」(各町における祭礼奉仕の決定と神事の打ち合わせ)に始まり、三一日の疫神社夏越祭(八坂神社境内の疫神社で行われる厄祓いの神事)まで一カ月に及ぶ長期間の祭である。七月一日の吉符入の日は、各山鉾町で収蔵庫を開いて御神体に神饌をお供えし、祭りの無事を祈る。秦家のある太子山町でも、収蔵庫が開かれ、「太子さん」に神饌が供えられる。

七月一三日、太子山の山建ての日を迎えるころには、町も秦家も、いっそう祭の高揚感に包まれ始める。油小路通では、車の通行が遮断され、家々の前に提灯建てが置かれ、太子山町の飾場(山鉾の御神体や懸装品を公開する場)となる秦家の店の間では、町の人々があわただしく準備する。店ニワの土間と、玄関の間へと続く土間との間には、結界が敷かれ、祭のための公共空間と家内部の私的空間とが明確に線引きされる。

結界の内側となる玄関の間から奥の間、その先の離れに至る空間もまた、家の中の家のための祭の場として、非日常的な空間へと生まれ変わる。奥の間には、屏風が飾られ、その前に緋毛氈が敷かれる。中の間には蔵から出された毛つづれの絨毯と赤穂緞通（一九世紀半ばから兵庫県赤穂市等の名産となった敷物用織物）が敷かれ、玄関の間には檜扇の花が活けられる。葉が末広がりの形で縁起が良いことから、祭の季節には檜扇を飾る家が多いという。

台所では、客人をもてなすため、鯖寿司とおこわ作りが進められている（図24）。いずれも、祇園祭というハレの日に必ず食するものとして毎年作られる。鯖は、前日のうちに三枚におろし、塩を振って昆布をはさみ、酢でしめたものを使う。昆布を入れて炊いたごはんで寿司飯をつくり、ふきんでくるんで成型し、骨を取った鯖をのせていく。おこわは前日の晩から餅米と小豆それぞれを水にひたしておき、当日の朝に蒸す。小豆の煮汁にお米をつけて、お米にほんのり赤い色をつけたうえで、小豆と一緒に蒸す。蒸す間にも数回煮汁をかけて色を濃くしていく。

塗りの盆のうえに、鯖寿司二貫と刻み生姜、丸く盛ったおこわに奈良漬けを添えたものが並べられ、奥の間で待つ客人にふるまわれる（図25）。訪ねてくる客人の多くは、日ごろから秦家と交流のある人々で、ハレの日の秦家の空間に身を置きながら、秦家の人々とともに無事祭の日を迎えられたことを祝う。こうした客人へのもてなしが、一六日の宵山の日の夜まで続く。

翌一七日は、山鉾巡行の日とあって、早朝から家の鍵をあけ、太子山の準備にそなえる。秦家の人々

図 24　鯖寿司作り

図 25　客人にふるまわれる鯖寿司とおこわ

も、山舁き（やまかき）の衣装着用のお手伝いなど、朝から忙しく動き回る。かつて、一二代与兵衛も、家の奥の間で裃（かみしも）に着替え、巡行へと出かけていった。

午前九時頃、太子山が出発するのを家の前で見送ると、ようやく一息ついて朝ごはんとなる。その後は、奥の間や中の間にある屏風や絨毯をかたづけ、掃除をし、ハレからケの空間へと家のしつらいを元に戻しながら、太子山が帰ってくるのを待つ。

一九六〇〜七〇年代頃まで、山建てから巡行までの四日間、太子山町のあたりの人通りは、山鉾町の中でも西端にあることからそれほど多くはなかった。子どもたちが、太子山の欄縁（らんぶち）の中で遊んだり、浴衣姿（ゆかたすがた）となって道端で花火を楽しんだりするかたわらで、お年寄りたちが家の前に床几（しょうぎ）（腰かけ）を出しておしゃべりを楽しむ、のどかな時間が流れていたという。今は太子山町も大勢の観光客であふれ、秦家の店の間に飾られた会所飾をひしめき合って見ている。その喧騒（けんそう）は、客人のもてなしの準備にいそしむハシリにまで届くほどで、祭のありようも、五〇年ほどの間にずいぶん変わっている様子がうかがえる。

■建具替え（たてぐがえ）

最後に、年中行事というよりは、町家で住み暮らすうえで欠かすことのできない、年に二度の「建具替え」の様子について紹介したい。建具替えは、夏は酷暑、冬は厳寒に見舞われる京都にあって、間口が狭く奥行きの長い町家を、いかに快適にかつ美しく住み暮らすか、先人たちが知恵と工夫をこらして編み出した方法であるといえる。

梅雨が始まり、翌月には祇園祭も控え、蒸し暑くなりつつある六月、土蔵を開けて、建具の入れ替えをする。まず、奥の間のガラス障子や、欄間の連子窓、奥の間と中の間を隔てている襖、中の間と中廊下を隔てている襖を次々とはずしていき、土蔵の前に立てかけていく。はずして運ぶ作業は、一人で行う。運ぶ際、横にした襖を持つ手の下側の手を、横辺の中心部において持てば、上側の手は添えるだけですいすいと運べる（図26）。

同様に、玄関の間の障子や、離れの襖もはずして、土蔵の前へと運んでいく。離れの襖など、形が同じで見わけがつきにくいものは、次の建具替えの際に困らないよう、はずす前に、部屋の中のどこにはめられていた襖か、東西南北の位置を記した付箋をつけて土蔵へと運んでいく。

障子をすべてはずし終わると、奥の間と中の間の畳に掃除機をかけ、雑巾で乾拭きしていく。そしてその上に、土蔵から運び出した籐筵を敷いていく。どっしりとした重さがあり、特に部屋が広い奥の間用の籐筵は、運ぶのに力がいる。籐筵を敷き終えたら、雑巾で乾拭きしていく。

土蔵から、夏の建具である御簾や簾戸を運び出し、とりはずされたガラス障子や襖と入れ替わりに吊したりはめたりしていく。奥の間には御簾を吊り下げる。御簾の目は非常に細かく、独特のツヤがある。もし破損してしまった場合、同じように細かな目の御簾を入手することはできないといい、建具を作る職人の技術の継承も難しくなっている現実が垣間見える。

図 26　6 月の建具替え

これら一連の作業にかかる時間は、一時間ほど。コツと力のいる作業であるが、建具を入れ替えるだけで、ここまで家の雰囲気が変わるものかと驚く。奥庭から中庭へとわたる風はすがすがしく、中庭の棕櫚竹の葉擦(はず)れの音や、夏の日差しを受けて御簾が作るくっきりとした陰影に、五感全体で涼しさを味わうことができる。

こうして入れ替えられた夏の建具は、涼風が立ち始める九月の下旬に、再び冬の建具へと入れ替えられる。御簾や簾戸は障子・襖へと替わり、籐筵は巻き上げられて畳が現れる。近づきつつある冬の到来を前に、障子ごしのおだやかな外光や襖の作り出すほんのりした明るさが、家のなかにあたたかみを添えてくれる。

第二章　太子山町の秦家

［執筆］　三枝暁子（1節）
秋元せき（2・3節）

1　町家と町をめぐる歴史

前章では、秦家の家の中の様子や、年中行事について紹介してきた。このような秦家の暮らしは、代々にわたる秦家の人々の暮らしの積み重ねによって形づくられたものであると同時に、広く京都の町や町家がたどってきた歴史と深く結びついている。そこで本章では、京町家とは何か、町とは何かを紹介したうえで、秦家の成立と展開、および秦家と太子山町との関係について、祇園祭の歴史にもふれながら紹介していくことにしたい。

■京町家とは何か

はじめに「京町家」とは何か、という点から確認していくことにしたい。二〇一七年、京都市は「京都市京町家の保全及び継承に関する条例」(京町家条例)を制定するにあたり、「京町家」と認定すべき構造様式の条件を以下のように定めている。①一九五〇年(昭和二五)以前に建築された木造建築物であること、②「伝統軸組構法」や「伝統構法」と呼ばれる「伝統的な構造」をもつこと、③都市生活の中から生み出された形態もしくは意匠を持つこと(「京町家を保全・継承するために」https://kyomachiya.city.kyoto.lg.jp/about/)。このうち、③については、三階建て以下で、一戸建てまたは長屋建てであること、平入りの屋根であることを必須条件とし、通り庭・火袋(通り庭上部の吹き抜け部分)・坪庭もしくは奥庭・通り庇・格子(伝統的なものに限る)・隣地に接する外壁または高塀、のいずれか一つ以上を有することを条件としている。

ここで京都市による「京町家」の定義に、一九五〇年以前の建築という条件が挙げられている前提には、第四章で詳述されているように建築基準法制定の影響がある。この年限をふまえると、京都市内にある、およそ築七〇年以上の木造建築の家で、②・③の特徴をもつ家が「京町家」ということになる。そして京都市都市計画局の調査結果によれば、二〇一七年段階で、およそ四万軒の町家が確認されている（京都市都市計画局「京町家まちづくり調査に係る追跡調査の結果について」二〇一七年五月一日、https://www.city.kyoto.lg.jp/tokei/cmsfiles/contents/0000087/87658/28kekka.pdf）。

先にも述べたように、秦家は、明治二年（一八六九）の上棟で、近代の始めに建造された。これは元治元年（一八六四）の「どんどん焼け」（禁門の変による京都市中一体の焼失）によって焼失したためで、焼失以前の秦家も、表屋造りで現在とほぼ変わらぬ間口の広さであったことが指摘されている（新谷昭夫「集住システムとしての京町家の特色と秦家住宅」秦家住宅編集委員会編『秦家住宅――京町家の暮らし』）。したがって、一九五〇年以前という時間幅の非常に広い京町家の建築年の規定において、江戸時代に遡る由緒を持ち、一八六九年に上棟された秦家は突出して古い家であるといえよう。

そもそも、京都市が京町家の条件としてあげる「伝統的な構造」の淵源には、江戸時代の町人（ちょうにん）身分の人々が構えた職住一体の空間としての町家がある。すなわち町家とは端的にいえば、江戸時代に成立する「町人（家持ちの商工業者）の家」を意味する。そして、町人の家である町家固有の建築様式が成立するのは、一八世紀のこととされている（高橋康夫『京町家・千年のあゆみ――都にいきづく住まいの原型』）。

具体的には、間口に比べて奥行きの深い敷地を持ち、「にわ」(通り庭)に沿って「みせ」「台所」「おく」を並べる表構えに、格子や出格子、揚げ見世がしつらえられ、低い二階には虫籠に似た出格子窓や土塗りの窓がはめられ、隣家との壁が近接した空間ということになる。また、①内部空間が土間(炊事・作業場)と板敷から成り、②道路に面し、③近世以前から存在した「小屋」(居住のための空間)・「店」(生産・商いのための空間)・「桟敷(さじき)」(祭礼等の行列や人の往来を見物するための空間)の三つの施設の機能を合わせもつ、複合建築となっている。そしてこうした町家が立ち並んでいた江戸時代の京都には、「自ずから整然とした統一感のある独自の町並み」が形成されていたという(同前)。

前章でみたように、秦家も、生業の場である店の間と玄関棟から続く奥の間やハシリなどの生活空間とから成り、通りに面した店の間や店ニワから人の往来がよく見える、町家の特徴をよく表す構造となっている。そしてかつての太子山町には、秦家のような町家が油小路通に面した両側にびっしりと軒を連ねる光景が繰り広げられていた。

■「町」の成立

生業のための空間と生活のための空間が一体化した町家と、町家の立ち並ぶ町並みが江戸時代の京都に現れる前提には、さらに一六世紀の京都に展開した、「町(ちょう)」および「町人」身分の成立がある。

京都の歴史は、周知のごとく桓武天皇が延暦一三年(七九四)に平安京を造成したことにはじまる。平安京は、中国の都城にならい、条坊制とよばれる都市区画制度のもとで造成された。すなわち東西の大路によって「条」に、また南北の大路によって「坊」に分割され、「坊」はさらに四つの「保」に分割され、「保」はさらに四つの「町」に分割された。そして一町の三二分の一の広さの空間を最小単位として宅地班給がなされたが、中には貴族など一町を超える規模の住宅を構える住人も存在した。また七条大路に接する東西対称の位置に、官設市場として東市と西市が設けられ、商業活動は基本的にこの両市でなされた。

平安京の大路や小路の両側には、垣や溝が設けられていたことが知られるが、こうした垣や溝に付随する空間はしだいに宅地化・耕地化し、「巷所」とよばれる空間を現出させていくようになる。そして一〇世紀後半になると、北と東に市街地が拡大していくとともに、「町」と呼ばれる商業地域・街区の発達がみられるようになる。また条坊制に規定されない道路である「辻子」も開通するようになっていく(高橋『京町家・千年のあゆみ』)。すなわち整然とした都市区画をもって成立した平安京は、都市人口を増大させ、流通・経済の拠点として発展していくなかで、新たな道や商業空間・生活空間を自生的に生み出しながら中世を迎えることになった。そして一二世紀半ばには「四面町」を、また一三世紀末までに「四丁町」を、さらに一五世紀末の応仁の乱後に「両側町」を成立させていくという(図27)。街路をはさんで結び合う両側町の成立は、「街路を生活組織の血管とし、共同体的連帯を結節点とする自治組織を生みだそうとする町づくり」の創始を意味した(秋山國三『公同沿革史』上巻)。

一五世紀半ばから「町人」の語が史料上に散見されるようになることや、一六世紀初期から、「〇〇町」という形で京都に固有の町名をもつ地域が現れ始めることなどをふまえると(高橋康夫「戦国時代の京の都市構造――町組をめぐって」『京都中世都市史研究』)、応仁の乱後に、近世京都の「町」につながる地縁組織の形成が徐々に見られ始めることは確かである。ただし、依然として公家や寺社・武家などが領主として京都の土地支配を行っていたことをふまえると、町人による自治組織・地縁組織の形成はそれほど容易なものではなかったと考えられる。

このようななか、町共同体の成立において最も重要な画期となったのは、一六世紀末に展開された豊臣秀吉の京都改造である。すなわち秀吉は、検地を通じ京都の土地把握を推進するとともに、「町」を、町による共同体的土地所有に裏付けられた「家持」として把握していった。そしてそのうえで、町人身分を、地子役(家や土地にかかる税)が免除されるかわりに豊臣政権の賦課する人夫役(労役)を負担する身分として確定したのである(吉田伸之「公儀と町人身分」『近世都市社会の身分構造』)。このような町人身分の性格は徳川政権が成立して以後も引き継がれ、町人の集住地である町は、「信用を相互に保証し」、商業を結合の核とする「地縁的・職業的身分共同体」として展開していった(朝尾直弘「近世の身分制と賤民」『朝尾直弘著作集』)。

四面町　四丁町　両側町

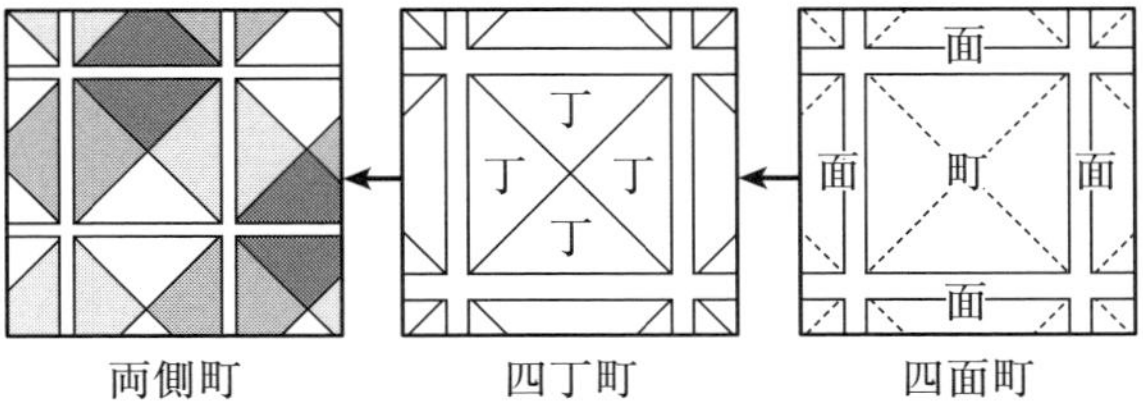

図27　京都における町の変遷(髙橋昌明『京都〈千年の都〉の歴史』より)

町の成立にともなって、都市民衆の住居の呼称や形態も変化する。戦国期京都の民衆の住居は、「小屋」と表記されることが多かった。小屋とは、応仁の乱後に罹災した土地などに短期間で作られる粗末な建物をさし、具

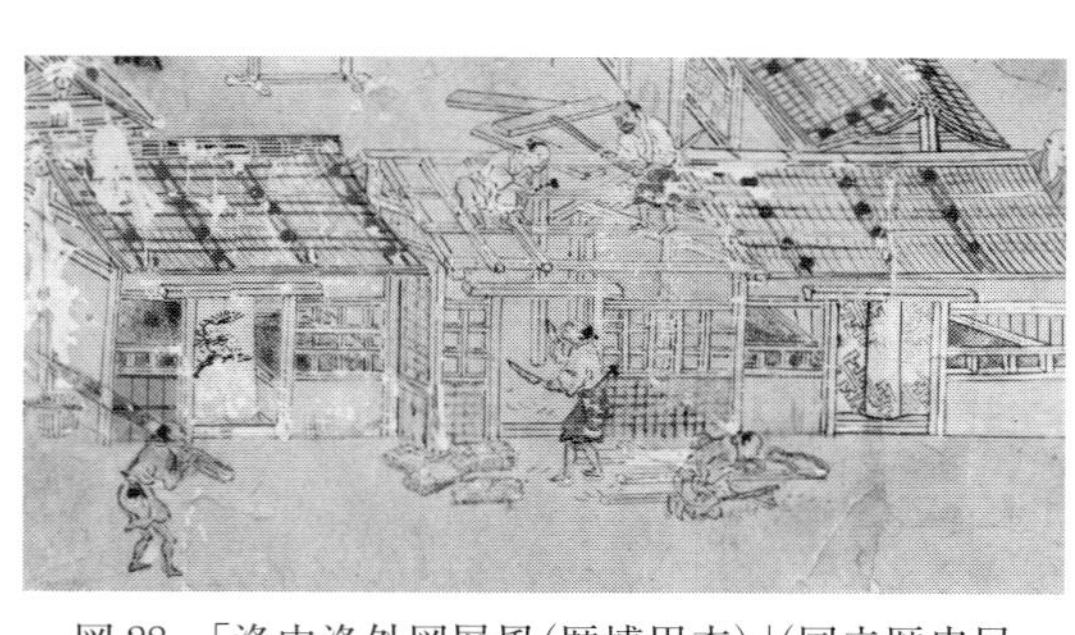

図28 「洛中洛外図屛風（歴博甲本）」（国立歴史民俗博物館所蔵）

体的には掘立棟持柱構造の、石置板屋根というものであった（図28）。小屋は、必ずしも専門家の技術を要せずに建設することができるものであったが、その技術の集積が、やがて出現する近世の町屋（町家）大工に継承されていくことになった。そして一六世紀の織豊期に入ると、小屋とは別に、「町屋」（町家）の語が頻出するようになり、特に豊臣秀吉が町人身分の者を確定させると、町人の住む住居をさす用語として「町屋」の語が用いられるようになるという。小屋が必ずしも土地所有を前提とせずに建造され、売買・貸借されるものであったのに対し、町屋は、土地（屋敷）の占有と一体のものであり、町人であることは家屋敷の保有者であることを意味した。これは公家や武家・寺社など、複数の権力が領有支配していた京都の地を、豊臣政権やその後の徳川政権が、直轄支配するなかで可能となったものであると同時に、人夫役を家屋ごとに賦課する施策の展開と表裏の関係にあった。その一方、都市民衆のなかで、町屋に住むことも町人になることも許されなかった人々の家は「居小屋」とよばれ、町とは異なる限定された領域に住み暮らすことを余儀なくされた（以上、土本俊和『中近世都市形態史論』）。こうして成立してくる町人の家屋敷である町屋が、やがて固有の建築様式を持つに至り、現代の京町家につながっていくのである。

■「家」と法華宗

これまで近世に町家が成立してくる前提としての、町や町人身分の成立過程をみてきたが、町家の成立をみるうえで、もう一つ重要な問題として、都市民衆とくに商工業者の「家」の形成と継承という問題がある。ここでいう「家」とは、家産の父子継承を永続的・安定的に行う、直系家族を中核とした経営体としての「家」を意味する。すでに中世前期には、貴族や在地領主などがこうした家を形成していたことが知られ（高橋秀樹『日本中世の家と親族』）、戦国期には村落の百姓もまた家を成立させていたことが指摘されている（坂田聡『日本中世の氏・家・村』）。京都の都市民衆も、早い例では土倉・酒屋とよばれる富裕な金融業者が一四世紀に、また商工業者についても一五世紀末から一六世紀にかけて家を形成し継承しはじめている（三枝暁子「「町」共同体をめぐって」）。とくに一六世紀に入ると、法華宗を信仰する商工業者たちのなかに、安定的な家を形成・経営する、富裕な商工業者たちが目立つようになってくる（林屋辰三郎『町衆――京都における「市民」形成史』）。

鎌倉期に日蓮を祖として東国に成立した日蓮宗が、京都に本格的に教線を拡大していくのは一五世紀前半のことで、日蓮没後に分派した門流のうち、京都に拠点を据えたものとして、日像の創建した妙顕寺を中心とする四条門流や、日静を開山とする本圀寺を中心とした六条門流などが知られる。一五世紀後半の応仁の乱後になると、都市民衆の間に法華信仰が広まっていき、さらに法華宗徒と室町幕府との結びつきも強まっていく。そして天文元年（一五三二）、天文法華一揆が形成される。天文法華一揆とは、当時近江六角氏のもとにいた将軍足利義晴が、法華宗信徒に軍事動員をかけたことを契機に形成されたもので、当初は本願寺門徒による一向一揆からの自衛という性格を帯びていた。しかし政治情勢の影響を受け、足利義晴や細川晴元へ軍事協力する集団へと転化していったという。そしてこうした軍事協力を通じ、門流の枠を超えた法華宗寺院・信徒の結びつきが形成されていくことになった。天文法華一揆は、その後法華宗の広まりに危機感を持った比叡山延暦寺が、近江六角氏とともに弾圧へと動いて起こる天文法華の乱によって解体される。乱前は二一カ寺あった法華宗寺院は、乱後京都を追われ堺に移ることになるが、天文一一年(一五四二)に帰京を許されたときには一五カ寺に減少した。しかし、法華一揆を構成した法華宗信徒のなかには、当時の京都市街地を構成する「上京」「下京」において広域的なネットワークを有する門閥都市民が存在し、その影響力は法華一揆解体後も持続していたという。そしてこれら門閥都市民と中小商工業者との結びつきが近世の町組(町の連合体)の原型になっていくという(以上、長﨑健吾「戦国期京都の都市民と権力」)。

一六世紀後半の天正四年(一五七六)に書かれた、法華宗の「檀那」(檀家)の所在地と寄付金を書き上げた勧進(人々に善行功徳となると勧めて金品を募る行為)の史料から、当時、法華宗の檀那が洛中の町々に点在していたこと、その五分の一は個人ではなく家として法華宗を信仰していたことが明らかにされている。そしてこの時期の法華信仰は、血縁に基づく普及を基盤としたうえで、地縁に基づく普及がみられた可能性があり、血縁と地縁の複合によって急速に拡大していったという。すなわち一六世紀末の豊臣政権期に「町」が成立する前提には、法華信仰に支えられた、都市民衆の血縁を核とする家の形成と、家を基盤とした地縁的結びつきが存在していた。注目されるのは、法華宗の諸寺院が合議して作成した規約と町の集会規約とに、共通する点のあることである。その端的な例として、合議で決めたことに違反した場合に法華経守護神である三十番神の神罰を受けるとする神文を挙げることができる。すなわち法華宗の会合と町共同体とは、「思想的な基盤の類似性」を持っていた（以上、古川元也「中近世移行期の法華宗寺内組織と檀徒の構造」『中近世の宗教と国家』）。

第一章で、秦家が法華宗を信仰する家で本圀寺末寺了光院を菩提寺とすること、正月の三が日や正五九の祈禱の折などに、床の間に三十番神の軸を掛けることなどを紹介した（巻頭カラー写真ページ参照）。こうした秦家の風習の淵源には、一六世紀における、都市民衆による地縁的な自治組織の成立を準備した法華信仰の広まりがあった。

■秦家と法華宗

秦家と法華宗とのつながりについて、今少し具体的にみていこう。太子山町にのこる、町の基礎台帳である宗門人別改帳（しゅうもんにんべつあらためちょう）によれば、秦家は、明治初期まで、本圀寺「寺内」の子院であった吉祥院を菩提寺としていたことが知られる（太子山町文書J-I-7）。吉祥院が本圀寺旧境内地に現存せず、その後の動向について不明であることなどから、了光院を菩提寺とするに至った契機について詳細は不明である。

吉祥院や了光院を旧塔頭とする本圀寺は、一九七一年（昭和四六）に京都市山科区に移転するまでは、下京区の西本願寺の北に広大な境内地を構えていた。寺伝によれば、日蓮が鎌倉の松葉ケ谷（まつばがやつ）に建てた草庵を法華堂と号したのに始まるという（『日本歴史地名大系27　京都市の地名』）。南北朝期に京都六条の地

図29　了光院

に寺地を得たのち寺地を拡大し、中世後期には、一二町におよぶ寺域を形成した。また天文法華一揆の際には、本能寺・法花寺とともに法華一揆の中核を占めるばかりでなく、堀をめぐらせた要害を構築しており、天文法華の乱の際も、六角氏と比叡山延暦寺の攻撃にも持ちこたえたという。乱により洛外追放となり、天文一一年（一五四二）以降にもとの地に戻って以後も、要害をもつ寺院として織田信長・足利義昭の陣所となったり、豊臣秀吉の陣所となったりした。また、要害の内側には、堂や子院さらには法華宗徒の集落を含む「寺内」が形成されていたが、豊臣秀吉の京都改造を契機に、「寺内」は解体され、寺院の境内地と町地とに分離した（森田恭二「中世京都法華「寺内」の存在――六条本国寺を中心として」）。

秦家の現在の菩提寺である了光院も、中世末に本圀寺「寺内」を構成していた子院の一つであった(図29)。了光院は、先述したように本圀寺第一四世の蓮光院日助を開祖とする。日助は、まさに法華信仰が京都の都市民衆に急速に浸透していった時期に本圀寺の住持となった人物で、天文五年(一五三六)に起きた天文法華の乱後は堺におり、天文一一年に勅許を得て京都に戻った際には、大徳寺の付近に庵を結んだのち、天文一六年にもとの六条堀川の地に本圀寺を再建したという(伊藤編『正嫡付法[中巻]本圀寺史料』)。そしてその翌年に、本圀寺境内に自らの隠棲の場所として「了光坊」を開創した。これが了光院のはじまりであるという。

秦家代々の墓は、了光院そばの、「妙恵会総墓所」の中にある(図30)。了光院住職志﨑英應氏の御教示によれば、この地は、戦国期の武将三好長慶に仕えた松永久秀の屋敷があった地であるといい、久秀は、本圀寺の元塔頭の戒善院(現在は本妙院と合併)の檀越(檀那)であった。またこの地は、これ以前は将軍足利義輝に仕えた野本輝久の屋敷跡であり、輝久は了光院の檀越であったという。輝久は永禄の変(一五六五年)の際、将軍暗殺計画への参画を拒否したために久秀に謀殺され、これを懺悔するために久秀が屋敷内の一画を墓地として寄付したことが現在の総墓所の端緒となった。当墓所内には、野本輝久と松永久秀・

図30　秦家の墓

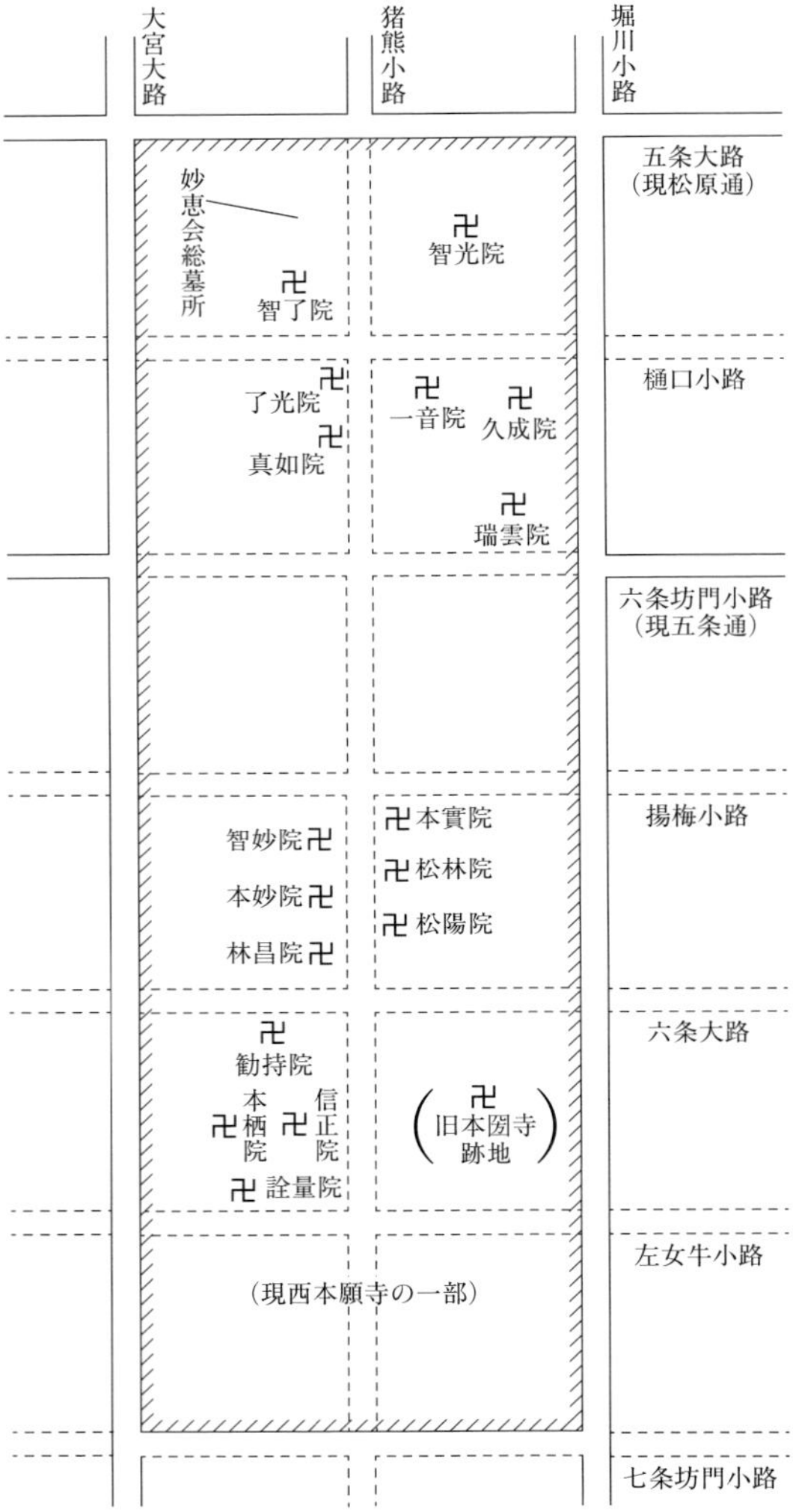

図31　中世本圀寺「寺内」概略図(斜線を施した四至内が「寺内」. 子院名, 町名は現在のそれを示す. 森田「中世京都法華「寺内」の存在」の地図を一部改変)

久通父子の墓が現存している。

当墓所はその後、本圀寺とその塔頭寺院の墓地として管理されていたが、明治四年(一八七一)の上地(じょうち)により没収されて官有地となった。その後大正一一年(一九二二)に旧塔頭の永代管理となって「妙恵会」が発足したという。

本圀寺が山科区に移転した現在、跡地に散在する塔頭寺院とこの妙恵会総墓所が、かつて広大な境内を構えていた本圀寺の隆盛を今に伝えている。

■祇園祭の歴史と太子山町の成立

秦家の所在する町が「太子山町」という祇園祭の山にちなんだ名前となっていることからも明らかなように、町と町人身分の成立を考えるうえで、祇園祭の歴史もまた重要である。

祇園祭は遅くとも九世紀後半には確立し、祇園社（現在の八坂神社）の祭神「牛頭天王」の力によって、都市にひろがる疫病を祓うために創始されたといわれている。一一世紀後半には、六月七日に神輿迎を、また一四日に還幸を行う神輿渡御の形式がととのい、田楽や舞人なども参列する華やかな祭礼となった（脇田晴子『中世京都と祇園祭――疫神と都市の生活』）。その費用は、京都の五条もしくは六条以北の富裕な住人が負担することになっていたという（瀬田勝哉『洛中洛外の群像――失われた中世京都へ』）。

その後一四世紀に、神輿渡御に加えて新たに山鉾巡行が行われるようになり、神輿と同日に京中を巡行するようになった（図32）。山鉾巡行は、代々の室町将軍の見物対象ともなり、将軍は三条通や四条通に面する寺や屋敷、あるいは将軍に近侍する武家衆の用意した桟敷で見物した。そしてときに明や高麗など近隣諸国から来た外国の使節も見物しており、祇園祭は外国使節の接待の場ともなっていたという（大塚活美「室町将軍・異国使節等の祇園祭見物――中世における首都京都の祭礼」）。室町時代にこうした山鉾巡行の費用がどのように賄われていたのか不明であるものの、一条兼良（一四〇二～八一）の記した『尺素往来』には「在地之所役」という言葉がみられ、「町」が成立する以前から山鉾を用意する都市民衆がおり、それらの人々が費用を負担していたものとみられる。その後一五世紀後半に応仁の乱が起こる

図 32　「上杉本洛中洛外図屛風」(米沢市上杉博物館所蔵)

と、祇園祭も中止となり、三三年もの間執り行われない期間が続く。明応九年(一五〇〇)にようやく再興がはたされたものの、応仁の乱以前に六〇基あった山鉾は、ほぼ半減することとなったという(河内将芳『中世京都の都市と宗教』)。

秦家とかかわりの深い太子山についてみてみると、応仁の乱前から、六月七日に巡行する山鉾の中に、「五条坊門油少路と高辻間」(現在の太子山町に相当する地)に所在した「太子ほく(こ)」すなわち太子鉾の存在を確認することができる。そして再興時にも、同じく六月七日に巡行する山鉾として「たい(太)子のそま(杣)入山」が見え、応仁の乱を乗り越えて存続したことがわかる(河内『中世京都の都市と宗教』所載・八坂神社所蔵『祇園会山鉾事』)。太子山が応仁の乱前は鉾であったことは注目されるが、こうした例は他にもみられ、逆に山であったものが鉾となる場合もあるなど、中世において山鉾の形状は必ずしも固定していなかった(脇田『中世京都と祇園祭』)。現在の太子山が、四天王寺建立のため斧を持って山中に入る少年像の聖徳太子を御神体とした山であること、すなわち太子の杣入(そまいり)の様子をあらわしたものであることをふまえると、太子山の形状は、明応の再興以降固定していったものと考えられる。

天文二年(一五三三)に比叡山延暦寺と幕府との対立によって祇園祭が延引となった際に、下京(しもぎょう)(当時の京都市街地の南半分の地域)の「六十六町の月行事(がちぎょうじ)」たちが、神事(神輿渡御)が無くなったとしても山鉾巡行は実現させたいと幕府に願い出たことはよく知られている(『八坂神社記録』上「群書類従本祇園執行日記」天文二年六月七日条)。このころには、山鉾巡行は、月行事とよばれる主導者のもとで、下京の各町によって担われる体制になっていた様子がうかがえる。

町や町組が成立した近世には、山鉾をたて、その費用を負担する鉾町と、費用を負担しながら運営を助ける寄町とが定まり、山鉾巡行と町の運営とは密接不可分のものとなっていく。秦家の所在する太子山町も、寛永一四年(一六三七)の「洛中絵図」に「太子山ノ丁(町)」と見えるのが最も早い例であり、両側町として明確な姿を現すのは近世以降となる。その一方、戦国期の当該地は「五条坊門油小路」を町名とし、「下京川西組」に所属していた(高橋『京町家・千年のあゆみ』)。応仁の乱以前から、祇園会の山鉾に「太子ほく」が存在していることをもふまえると、中世からこの地に太子山町の萌芽的な組織が存在していた可能性は高い。しかしそれが、「太子山町」という名を帯びた明確な地縁的自治組織になるまでには、今少し段階と時間を要した。

その太子山町に、秦家が成立するのはいったいいつ頃のことなのか。また、太子山町とどのような関係を結びながら今日に至ったのか。祇園祭においてどのような役割を果たしてきたのか。次にこれらの点について、具体的にみていくことにしよう。

2　秦家の成立と変遷

■秦家を考える手がかり

秦家を訪ねて、店の間へうかがうと、大きな薬種だんすがあり、それとともに、「本家調合所　家伝薬王奇応丸　松屋与兵衛」と金字で認められた置き看板が眼に入る(図33)。江戸時代から同家の店先で、

図 33　店の間の薬種だんすと置看板(撮影：秋元)

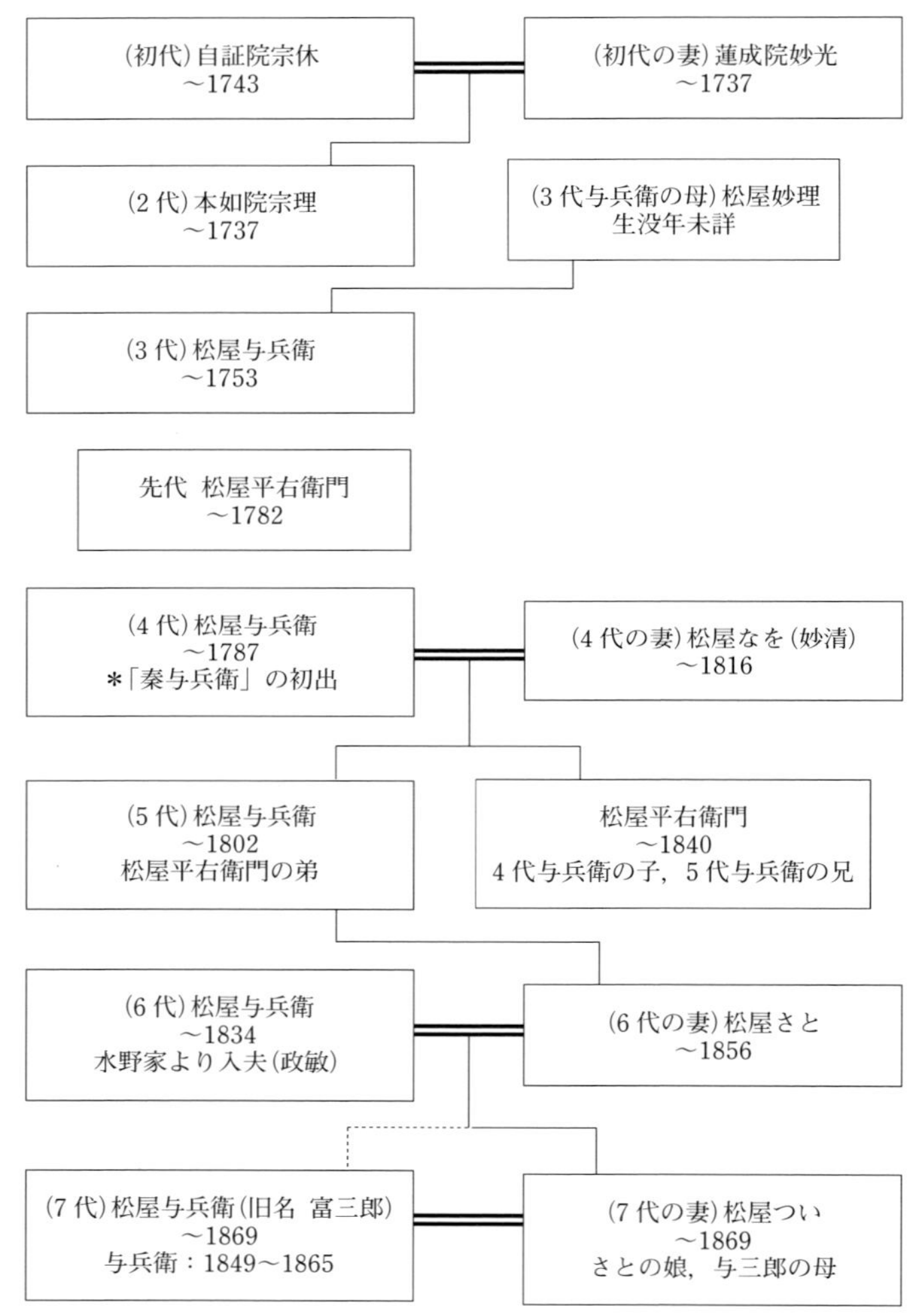

図 34　秦家（松屋与兵衛）歴代略譜（～7 代与兵衛）

注：秦家の過去帳及び秦家文書をもとに，「自証院宗休」を初代として，7 代までを本図に記載した．なお，3 代与兵衛の没年は，秦家文書 No. 111（図 37 参照）に松屋妙理の「悴与兵衛」が宝暦 3 年（1753）に死去したことを典拠としている

訪問客を出迎えた看板なのであろう。同家は、屋号を「松屋」と号し、江戸時代には代々「松屋与兵衛」を襲名した家であった。

太子山町における秦家のはじまりは、いつ頃であろうか。ここでは、秦家に伝来した古文書群（京都市歴史資料館に寄贈。以下、秦家文書と記す)、太子山町の町会所に保管されている古文書群(以下、太子山町文書と記す)、さらには、同家に現在も保管されている過去帳などを検討することで、可能な限り明らかにしてみたい。ちなみに、太子山町のように町ごとに共有文書が保管されてきたのが、京都の町々の特徴で、町会所も重要な役割を果たした。京都市内では近年、そうした古文書の散逸が進んでいるが、太子山町では現在も町会所で守り伝えている。

秦家における伝承から確認すると、過去帳では、同家のはじまりは「奇応丸元祖」「自証院宗休」と記されている。この自証院宗休を初代とすると、一九八六年に亡くなられた秦与兵衛が一二代目に数えられる。図34はそうした伝承をもとに秦家の歩みをたどったものであるが、「松屋与兵衛」の名が史料から確認できるのは、三代目以降のことであり、その実像は明らかではない。

そこで太子山町文書をひもとくと、町の行政を担った歴代の町年寄と五人組役の記録である「年寄五人組役附覚」に秦与兵衛の名があらわれる。明和八年(一七七一)三月二五日の日付で「年寄役　秦与兵衛」と記されており、図34にしたがえば、四代与兵衛にあたる可能性が高い。秦姓の使用はこの頃から確認できるのである。また、寛政一三年(一八〇一)一月一七日には「秦氏　松屋与兵衛」が五人

表1　秦家歴代略譜(8代〜12代)

名前	生没年	備考
8代松屋与兵衛／秦与兵衛(宝英)	1830〜1910	与兵衛：1865〜1880 (1899年宝英へ正式に改名)
9代秦与三郎	1856〜1923	当主：1880〜1895 6代の孫
10代秦与兵衛(富三郎，逸郎)	1881〜1922	当主：1895〜1907 与兵衛：1899〜1907
11代秦与兵衛(芳三)	1891〜1960	与兵衛：1907〜1960 10代与兵衛の弟
12代秦与兵衛(凱彦)	1927〜1986	与兵衛：1960〜1986 11代与兵衛の子

組役をつとめているが、これは最晩年の五代与兵衛にあたるものと思われる。いずれにしても、一八世紀後半には、秦家が交代で太子山町の町役人をつとめる家柄のひとつになっていたことが確かめられる。

図35　妙理の名前が刻まれた位牌（撮影：秋元）

■太子山町に家屋敷を構える

それでは、同家はいつ頃から太子山町に家屋敷を構えるようになったのだろうか。江戸時代、町共同体の構成員として正式に認められるためには、「家持」（家屋敷所有者）であることが大きな意味をもっていた。

太子山町の家屋敷についての最も古い記録として、明和四年（一七六七）の沽券状（土地売買に関する証文類）改に際して作成された沽券状控帳がある（太子山町文書G１）。松屋与兵衛家はこの中にすでに表れ、町内に二筆の家屋敷を所持していたことがわかる（高橋『京町家・千年のあゆみ』）。この沽券状控帳には、所持する家屋敷に関する事情も書き込まれている。二筆のうち北側の一筆は、寛文一〇年（一六七〇）一一月に、「先祖勘右衛門」が代銀八百目で小太郎という人から譲り受け、その後、宝暦五年（一七五五）に与兵衛が「母妙理」から相続したという(図35)。また、南側の一筆は、享保九年(一七二四)に「先々仁右衛門」が丸屋仁兵衛から代銀二貫七百目で譲り受け、宝暦五年九月に妙理から相続したものであった。また、「松屋仁右衛門」が、享保一七年(一七三二)に「岩上通佐竹町東側」の家屋敷を代銀一貫目で譲り受けた際の証文が残っており、太子山町から佐竹町へ転出した人物であることがわかる(秦家文書93「永代売渡シ申家屋鋪之事」)。

すなわち、太子山町西側にある松屋与兵衛の二カ所の家屋敷は、それぞれ勘右衛門と仁右衛門が購入したものであり、その後、妙理を経て、松屋与兵衛が所持することになったのである。図34によれば、ここに登場する与兵衛は四代目となり、概ねこの頃から松屋与兵衛を当主として継承されるようになったと考えられる。

■松屋平右衛門の存在

松屋の継承を考える上で、平右衛門の存在も重要である。

寛政四年(一七九二)の銀子借用証文(ぎんすしゃくようしょうもん)には、松屋平右衛門とその母なを(四代与兵衛の妻、のち妙清)が連署している(秦家文書200)。これによれば、天明二年(一七八二)に「寺町五条上ル」に住む先代松屋平右衛門が死去したが、平右衛門には後継ぎがいなかったため、四代与兵衛が「当家抱持(かかえもち)」として相続し、その際に借金を抱えてしまったという。ところが、四代与兵衛も天明七年に亡くなったため、次代松屋平右衛門(与兵衛の実子)が借金もろとも相続することになった。その翌年に、京都の歴史上でも最大級の

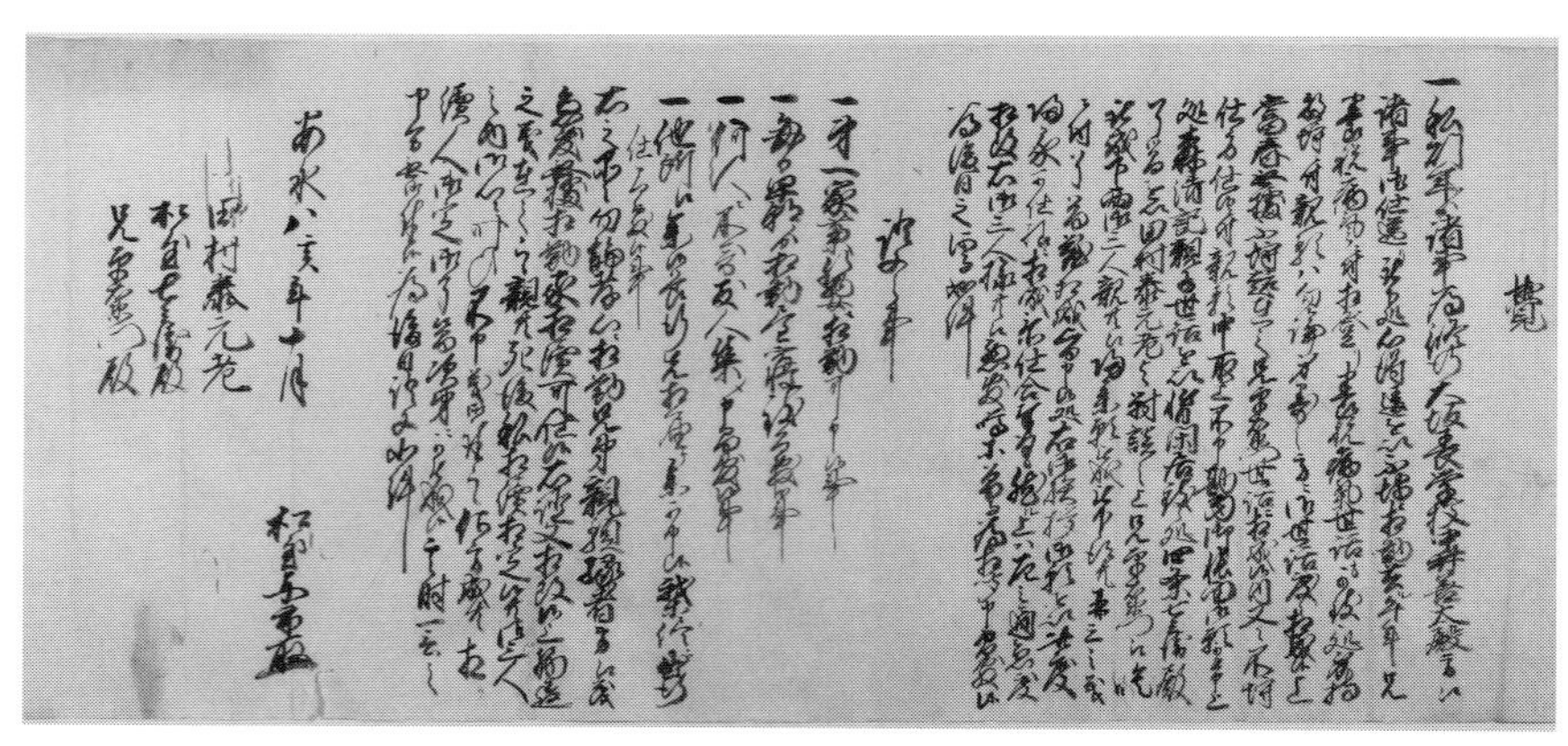

図36　松屋与市による証文(秦家文書175　京都市歴史資料館)

火災として知られる天明の大火に見舞われ、その後の深刻な不景気で、さらに借財を重ねざるをえなかったのだという。

図34によれば、四代与兵衛の借金を相続した平右衛門は、五代与兵衛の兄ということになる。この平右衛門はただ借財を重ねたわけではなく、家業である奇応丸の販路を確立するための行動もみせている。寛政三年(一七九一)二月に、松屋なを・悴与兵衛・同平右衛門らが連名で京極(寺町)通五条西橋詰町に提出した「一札」は、当時、平右衛門が居住していた同町内での薬の専売権に関する内容であり、太子山町以外の町でも薬の販路拡大をめざしていたことがうかがえ、興味深い(秦家文書192)。太子山町の松屋与兵衛を、別の町に住む兄の平右衛門が支えていたとすれば、この時期には、松屋という同じ屋号を共有する同業集団(暖簾内)が形成されていたことも推測されるのである。

■懐徳堂での遊学

同時期の文書の中には、秦家の興味深い一面をうかがわせるものもあった（図36）。

この文書は、安永八年（一七七九）一〇月に、松屋与市から、田村泰元老、松屋七兵衛、兄平右衛門に宛てた誓約書とも言える内容の文書である。この史料の前半では、証文を作成するに至ったこれまでの経緯をのべ、後半は「証文之事」と題して、誓約の具体的な内容を記し、署名の下に花押をすえて、丁重な様式で認められている。

誓約者である「松屋与市」は、幼年時から、「大坂表学校中井善太殿方」へ修行に行っていたが、その間に、兄の「養祝」が病気のときに、世話を怠ったことなどを謝罪し、これまでの心得違いを改めて、今後は家業を第一とすることを約束している。史料中の「与市」は、松屋平右衛門の弟であることから、後に五代与兵衛となる人物と考えられる。

ここで注目したいのは、与市が「大坂表学校中井善太殿方」に遊学していたとみられることである。中井善太とは、江戸時代中期に大坂の文人の中心的存在であった儒学者中井竹山のことであり、ここでいう「学校」とは、懐徳堂と考えて間違いないであろう。懐徳堂は、享保九年（一七二四）に大坂町人の三星屋武右衛門・道明寺屋吉左衛門・舟橋屋四郎右衛門・備前屋吉兵衛・鴻池又四郎が、儒者中井甃庵とはかり、三宅石庵を学主として開設した。中井竹山は甃庵の長男として生まれ、宝暦八年（一七五八）に甃庵が死去してからは、三宅春楼のもとで学問所預りをつとめた。天明二年（一七八二）からは、竹山が懐徳堂教授となった。

与市はこの文書において、「去ル午年」（安永三年、一七七四）に兄の看病のために帰京しなかったことを詫びている。与市が大坂に遊学していたこの年、中井竹山は経世論『社倉私議』を成しており、また、安永五年には漢詩集『詩律兆』を刊行して、その学識を世に知らしめた時期と重なる。

与市は、こうして世評を高めていた竹山に早くから師事していたが、家業のために学問を中断することになったのであろう。文書の後半では、四箇条にわたる誓約を書いているが、一番に書かれているのは、「家業」を第一とすることである。二つめに、毎日早朝より勤め、昼寝しないこと、三つめは、誰に限らず友人を集めないこと、四つめは、他所へ行くときは行き先を明らかにし、わがままに遊行しないこととしており、これまではしばしば家を離れ、大坂などに遊学していたことがうかがえる内容になっている。与市が大坂に遊学している間に、京都で親族の世話をしていたのは兄の平右衛門であったが、若い頃に懐徳堂で学び、天明の大火による被災からの復興に尽力した五代与兵衛に比べ、与兵衛の娘さとの夫となる六代与兵衛の事績はあまり知られていない。ただ、太子山町での専売権を維持するため、祇園祭の費用の一部を負担する約束をしたのは、六代与兵衛の時代であった(第三章参照)。

■松屋の女主(おんなあるじ)たち

ところで、太子山町西側の松屋与兵衛の家屋敷は、先祖の勘右衛門、仁右衛門がそれぞれ購入したものを、松屋妙理が譲り受けたものであることは、先述した。

このうち、仁右衛門から妙理、与兵衛へと継承された家屋敷(二筆のうち南側)は、一時は松屋平右衛門の抱屋敷になっていた。しかし、文化二年(一八〇五)に闕所(けっしょ)(家産没収)となったため、当時の慣行として、ひとまずは町中(太子山町)が落札し、町中所持の家屋敷となった。

ここで注目したいのは、この年七月、縫物屋(ぬいものや)つるという女性が、この家屋敷は「先祖より持伝候、家屋敷」なので私に譲ってもらいたい、と太子山町に願い出たことである。「縫物屋」は同町内の松屋与兵衛家の娘などが用いていた屋号で、文字通り縫物商売や、借家経営などを行っていた形跡がある。この願い出は認められ、縫物屋つるがこの家屋敷を買い戻すことができた(太子山町文書E1)。縫物屋つるには、それだけの経済力もあったと考えられ、また、江戸時代後期、町家の継承において、強い意識をもって働きかける女性の姿が見いだせる。

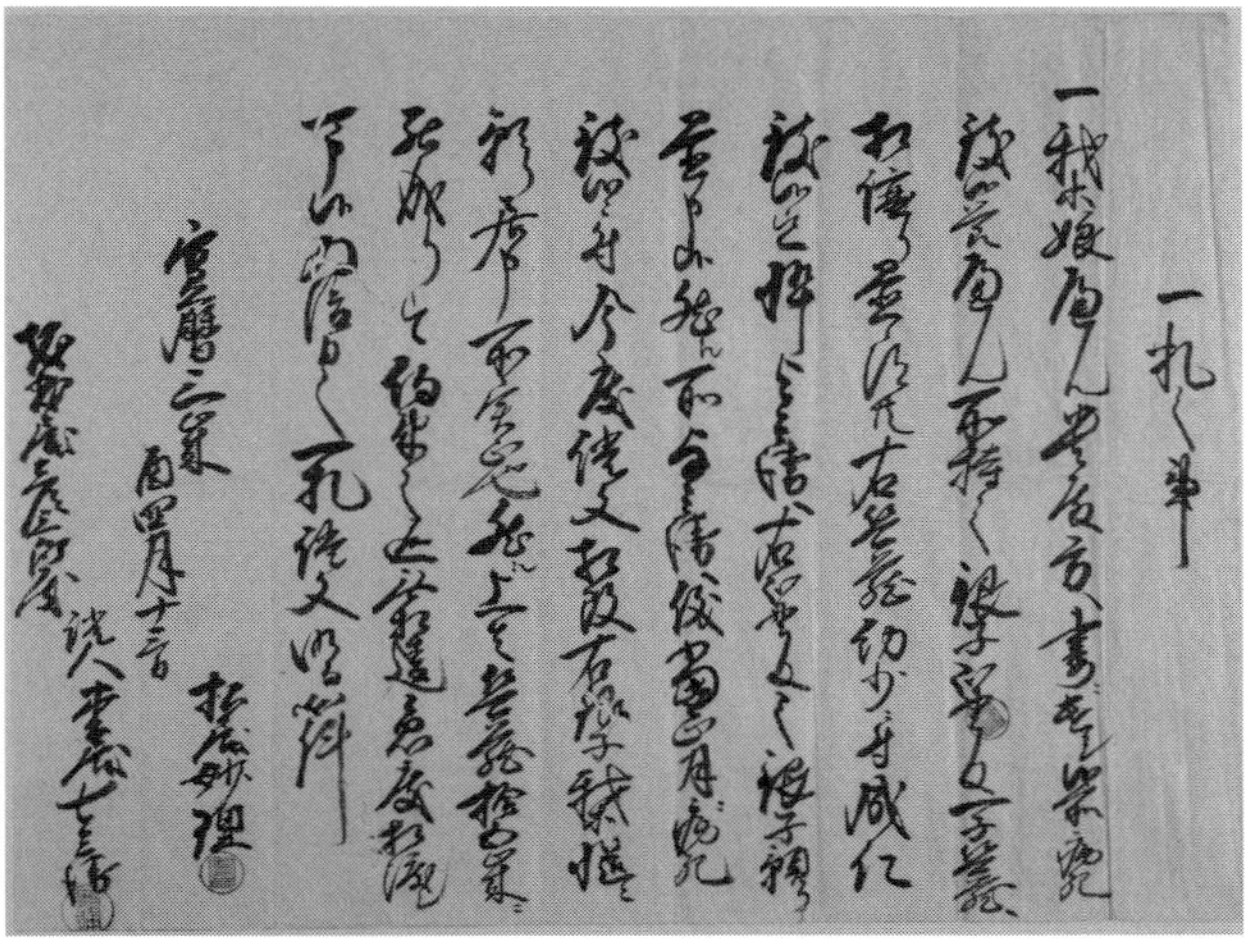

図37　妙理が娘へんの財産について交わした証文(秦家文書111　京都市歴史資料館)

このように、近世中・後期の太子山町文書から、同町の家屋敷所有者の変遷をみていくと、「女名前」(女性名義)の家屋敷の所有によって、町家の「家」と家屋敷が継承されていく事例が多数確認でき、これは単なる「中継ぎ」的なものとして見過ごすことはできないと思われる。

このほかにも、太子山町内の別の地所では、天明元年（一七八一）四月、宝来屋勝（庄）兵衛という人が、松屋与兵衛（四代）に家屋敷を譲った記録がある（秦家文書179「譲リ渡ス家屋鋪之事」）。この宝来屋勝（庄）兵衛は妙理の孫であった。妙理は、娘へんが嫁ぎ先で出産後に病死した際、その息子兵蔵（幼名、のち宝来屋勝（庄）兵衛）が成人するまで、へんの遺産をきちんと預かっておくよう、宝暦三年（一七五三）に、証文を交わしていた（図37、秦家文書111、118）。

また、秦家文書のなかに、嘉永元年（一八四八）「柏原一件諸事留」と題する文書がある。この文書には、京都西町奉行所同心の柏原時二郎と、この当時の秦家当主「松屋さと」との間で起こった紛議の顛末、すなわち、八〇年前の借用証文を根拠に、借財に利子を付けて金三〇両が突然請求されたことをめぐって、人々がどのように対処したのかが記録されている。

この一件の当事者である松屋さととは、史料には「女主」と記されている。「さと」は五代与兵衛の娘で、六代与兵衛の妻であったが、六代与兵衛に先立たれた後、同家を継いだ人であった。

太子山町文書（E2）をみると、文化五年（一八〇八）に「松屋さと」が家督祝儀を納めた記録があり、さらに、天保五年（一八三四）、再び「松屋さと」の家督祝儀を町へ上納している。この間、文化七年（一八一〇）には、松屋妙清の隣家で「縫物屋さと」として同町に居住している。同町文書には、「縫里」は借家（借家人は医師の立花重輔）の家主であった形跡があり、それなりの経済力を保持していたことがうかがわれるのである。

■幕末維新期の松屋与兵衛

七代与兵衛は、幕末維新期の秦家を守り、次世代へと引き継ぐ役割を果たした。文久元年(一八六一)二月二二日、与兵衛は太子山町に「悴与三郎、烏帽子官途」「養子祝儀」の祝儀金を納めている。元治の大火(どんどん焼け。一八六四年)の被害は、市街の広範囲におよび、太子山町の松屋与兵衛家も例外ではなかった。家屋は焼かれ、被害は甚大であったが、慶応元年(一八六五)五月、復興に取り組むかたわら、七代から八代へ家業の継承も行われた(太子山町文書E2)。五月五日には、太子山町への譲り祝儀が納められている。明治二年(一八六九)五月、七代与兵衛が死去するが、この頃に秦家住宅の再建もなされた。明治三年に平民の苗字使用が自由化されると、松屋は公的場面でも秦姓を名乗るようになり、奇応丸の金看板も「松屋与兵衛」から「秦与兵衛」へ改められるようになる。

■八代与兵衛＝秦宝英(はたほうえい)のこと

太子山町に家屋をかまえる秦家では、祇園祭のころになると、聖徳太子の肖像画(法隆寺所蔵「聖徳太子二王子像」、唐本御影の模写)を飾るのが恒例である(図38)。この模写の箱書きには次のように記されている(図39)。

本図は南都法隆寺の什宝を拝写せしものにして、
秦家に於てハ本業に因するものなれは、大切に秘蔵すべきなり
明治三十年七月　　秦宝英　謹写

一八九七年(明治三〇)七月に、この模写を制作した秦宝英が、すなわち八代与兵衛であった(表1)。

図38, 39　秦宝英画・聖徳太子肖像画(右)と箱書(左)
(撮影：秋元)

慶応元年(一八六五)五月に家督を継承した宝英は、仏画を得意とし、絵師としての技量も磨いていった。宝英の作品は、精巧な筆致を特徴としている。一八九〇年には、三井家から依頼され、三井家の菩提寺である真正極楽寺(真如堂)に伝わる普賢菩薩像の模本を制作した(文化遺産オンライン「真如堂普賢菩薩像模本」)。また、画家を番付風に紹介した『〔明治三十六年度大改正〕大日本絵画著名大見立』(編集兼発行人、競撰社仙田半助)では、紙面中央の「行司」の枠に「京都名誉仏画　秦宝英」と紹介されている。

このほかにも、平安遷都千百年紀念祭と第四回内国勧業博覧会が京都で開催された一八九五年(明治二八)に、京都市参事会が編集・発行した『京華要誌』(『新撰京都叢書』第三巻、一一〇頁)には、「名家」項目のうち、「画」として今尾景年など二四名の画家が紹介されているが、そこにも、下京区油小路通仏

図40(右)　秦宝英画・雛図(撮影：秋元)

図41(上)　鍾美会集合写真(上列左より3人目・秦宝英，下列右端・伊藤快彦，下列中央・金子静枝)

光寺下るに住む「仏画　秦宝英」の名が掲載されていた。同年刊行の山崎隆発行『京都土産』(『新撰京都叢書』第一〇巻、三四三頁)にも、「仏画　油小路仏光寺下ル　秦宝英」として紹介されている。現在でも、秦家では毎年三月三日に、秦宝栄(八代与兵衛)が描いた「雛図(ひなず)」が飾られる(図40)。

秦家には、画家としての宝英の活動をうかがわせる写真も残されている。一九〇三年(明治三六)正月に催された画塾「鍾美会」の新年宴会の際のもので、伊藤快彦や金子静枝らとともに宝英が写っている(図41)。

秦宝英は、一九一〇年九月一七日に八一歳で死去し、本圀寺方丈で葬儀が行われた。この訃報を伝える広告記事を出したのは、一〇代与兵衛(宝英の孫)であった(『京都日出新聞』一九一〇年九月一九日付)。

■九代目以降の継承過程

ところで、太子山町の中央に位置し、現在、太子山保存会の所在地となっている、太子山町六〇七番地は、一九一二年(大正元)の地籍図を見ると、所有者は「秦与三衛」とされている。これは、町文書にも同家文書にも出てこない人名のため、京都地方法務局で「土地登記簿」を確認した。

それによれば、その所有者として、当初は「秦与三郎」の名が記載されていたが、一八九五年(明治二八)二月に、秦与三郎から秦富三郎に譲渡され、その後、一八九九年九月に富三郎が「与兵衛」と改名したことが判明する。したがって、地籍図の「与三衛」は「与兵衛」の誤植と考えられる。このときの与兵衛は一〇代与兵衛にあたる。

一〇代与兵衛(富三郎)は、一九〇七年に弟芳三に家督を譲り、一九二二年(大正一一)一〇月に四二歳という若さで死去、その四カ月後には九代にあたる与三郎も六八歳で他界した(表1)。

一一代与兵衛となった芳三には男子がいたが、一九二四年に子息の芳一が早逝し、一九二〇年代には、秦家を継承する可能性がある男子を相次いでなくすことになった。そのため、芳三は一九〇七年から一九六〇年までの長きにわたり、一一代秦与兵衛として家業を支え続けた。図49(九〇頁)の古写真に、壮年期の芳三の姿がある。家業の傍ら祇園祭山鉾太子山の活動にも力を注いだ芳三は、一九六〇年一月一八日に他界した。その子息の凱彦(一九二七～八六)が一二代与兵衛となった。

芳三の跡を継いだ一二代与兵衛は、太子山の世話役をつとめ、一九七〇年代から八〇年代には、祇園祭山鉾連合会の役員として、一年中多忙をきわめるようになった。

祇園祭山鉾連合会は、一九二三年(大正一二)に、行政や各種団体との対応や補助金の受け入れなどのために組織され、一九九二年に財団法人、二〇一二年に公益財団法人となって、現在に至る組織である。

敗戦後の一九四七年(昭和二二)に祇園祭の山鉾巡行が復活し、それから三〇周年にあたる一九七七年(昭和五二)七月、祇園祭山鉾連合会の会誌『山町鉾町(やまちょうほこまち)』が創刊された。一二代与兵衛が役員として奔走したのは、この時期であった。

『山町鉾町』は、祇園祭をあらゆる角度から考え、次の世代に伝える場とし、山鉾町関係者をはじめ、各界の識者の意見や調査研究なども載せて、祇園祭に関する理解を深め、今後の祇園祭の発展と存続に役立てたいという趣旨で発刊されたものであった。一二代与兵衛は、『山町鉾町』の編集・発行の中心的な役割を果たした人でもあった。

3　戦後の太子山町と秦家

■秦家のある太子山町――「山町」の空間

太子山町は、現在の山鉾町のなかでは、南西の端に位置する。そのためであろうか、四条通界隈(かいわい)の鉾町とくらべると、割合静かな祇園祭を楽しめる。このことは、太子山町の景観とともに町共同体のあり方とも大いに関係していると思われる。

太子山町は、京都市下京区のほぼ中央に位置し、南北にはしる油小路通(仏光寺通以南、高辻通以北)の両側町である。

図 42　太子山保存会（撮影：秋元）

太子山町の町域面積の約四分の一は、かつての格致小学校（学校統廃合により、現在は北総合支援学校中央分校として使用）が占めている。明治二年（一八六九）、京都の自治組織としての系譜をもつ町組を単位に小学校を開設した際（番組小学校）、太子山町に開校した下京八番組小学校は、一八七六年に隣接する荒神町の民有地を取得して校地を拡張し、一八七八年二月七日に「格致校」と命名された。

京都のまちなかの自治連合会は「元学区」単位のまとまりが継承されていることが多く、太子山町は、「元格致学区」（下京第十区、元十組）に属する（京都市編『史料京都の歴史12下京区』）。元格致学区は、北はおよそ四条通、南は松原通、東は西洞院通、西は堀川通で限られる、二八カ町で構成される。このあたりには、一五～一六世紀頃には数軒の土倉・酒屋があったといわれ、経済的にも繁栄していたことがうかがえる。こうした経済的な条件は、祇園祭に山鉾を出す地域に共通する特徴であった。同学区には、太子山町以外に山鉾を出す町が四カ所あった。すなわち、四条傘鉾の傘鉾町、芦刈山の芦刈山町、油天神山の風早町、木賊山の木賊山町である。これらの町々には祭の道具を保管したり、会合をもったりするための町会所があり、太子山町も例外ではなかった。

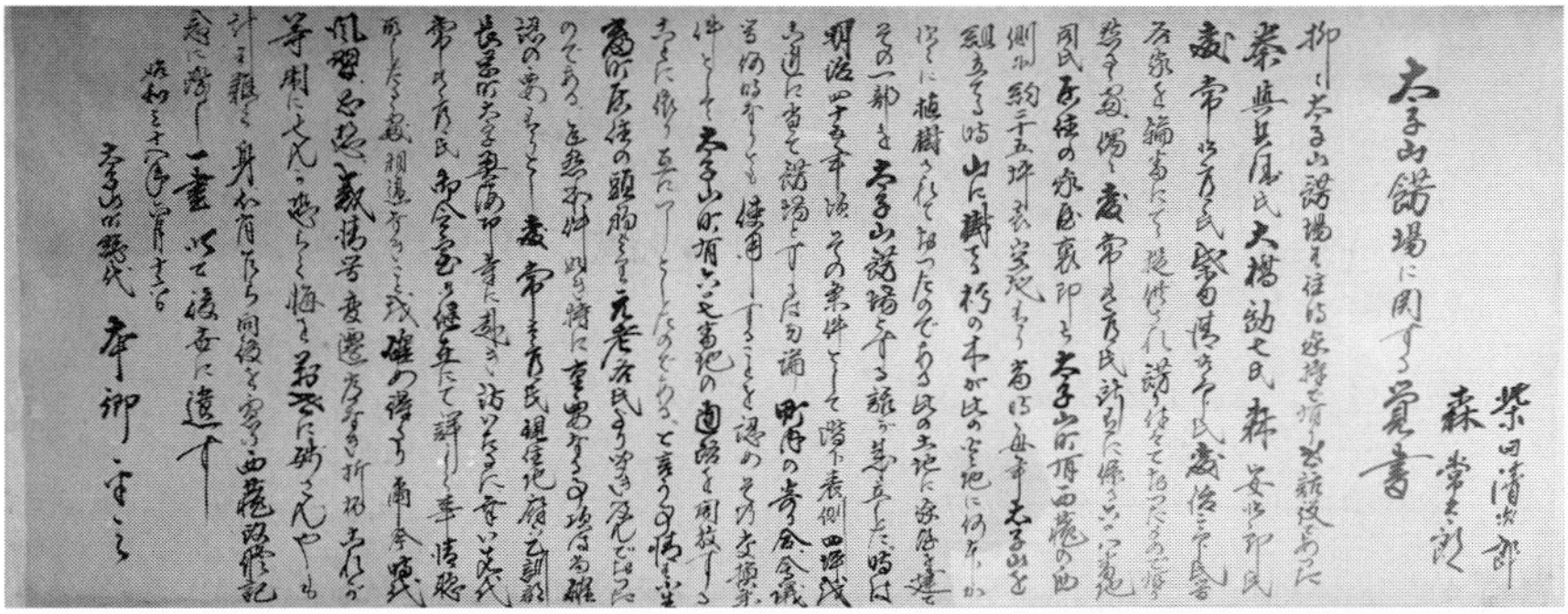
太子山飾場に関する覚書
柴田清次郎
森常太郎

図43　太子山飾場に関する覚書（一般財団法人太子山保存会所蔵）

■「太子山飾場（かざりば）に関する覚書（おぼえがき）」

太子山町の町会所は町の東側のほぼ中央に位置し、「一般財団法人　太子山保存会」の表札が掲げられている。路地の一番奥に仏堂風の土蔵があり、一般には非公開である（図42）。

祇園祭宵山のころに公開される太子山の飾場（太子尊お飾り）は、かつては場所を固定化せず、家持（いえもち）各家の輪番とする慣行があった。他の山鉾町の町々では一般に「会所飾り」と呼ばれ、町会所などの共有スペースで行われることが多い。太子山の場合には、回り持ちとはいえ、個人宅を飾場として提供する負担は大きかったと思われる。

そこで、一九一二年（明治四五）頃、太子山町共有の「西蔵」の西側の奥まったところにある民有地（六〇八番地）に家屋を建て、その一階表側四坪を太子山飾場とすることになった。飾場となるスペースは民有地であるが、普段は町内の寄合などでも使うこととし、そのかわり、飾場に至る細い通路（太子山町有六〇七番地の一部）を開放することで、双方が了解するという取り決めがなされた。
この取り決めは、その後も家持同士で伝承されていたが、当時の太子山町総代本郷平三らは、「時代風習、思想、感情等、変遷常なき折柄」という社会状況をふまえ、将来トラブルが起こらないようにと、「太子山飾場」の来歴を確認して、後世に伝えるために文書化し、一九六三年六月一六日、「太子山飾場に関する覚書」(図43)を作成した。この文書は、現在も太子山保存会に伝えられている。

■祇園祭山鉾の太子山

一九六二年(昭和三七)五月、祇園祭の山鉾二九基が文化財保護法による重要民俗資料(一九七五年の法改正により重要有形民俗文化財)に指定され、山鉾の保存や祭の運営方法に対する関心が高まった(祇園祭編纂委員会・祇園祭山鉾連合会編『祇園祭』)。

二九基のうち二二基が山で、一九基の舁山(人が担ぐ)と、三基の曳山(車輪があり形態も鉾に近い)があり、これらの山以外の七基は鉾(車で曳く)であった。

また、祇園祭の山の多くは、真木(中央の柱)として松の木(真松)が取り付けられているが、太子山のみが杉の木を真木として用いるのが特徴である(松田元/島田崇志編『祇園祭細見 改訂版』)。

一九七九年二月、「京都祇園祭の山鉾行事」が、重要無形民俗文化財に指定された(ここでは、二九基に限定せず、復活した山鉾を対象とすることも可能になった)。同年七月には、綾傘鉾が一一五年ぶりに復興した。以後も、復興した山鉾が加わり、現在は、三四基(前祭二三基・後祭一一基)の山鉾が巡行する(福持昌

図 44　太子山巡行当日

図 45　巡行に参加する同志社大学グリークラブの学生たちと

之「「京都祇園祭の山鉾行事」のユネスコ無形文化遺産の登録とその後」)。

■舁山に車輪をつける

一九六四年(昭和三九)七月一六日の祇園祭宵山は、午後五時から六時過ぎまで雨に見舞われたにもかかわらず、戦後最高だった前年を上回って、約五五万人の人出となった。翌日の山鉾巡行も約四〇万人(京都府警調べ)が都大路に繰り出し、この日の巡行に携わった人は、のべ九七四〇人と報じられた(『京都新聞』一九六四年七月一七日夕刊)。

この年の祇園祭は、見物人を「やっぱり時代やなあ」と嘆かせた、大きな変化があった。それは、巡行に参加した舁山の多くが、かつぎ手の人手不足の解決策として、「直径三十センチほどのゴム車輪をつけたニュースタイル」で登場したことであった。車輪付きの新スタイルは、すでに前年に保昌山が導入していたが、同じように人手不足の悩みを抱えていた他の山町が追随したのである(京都観光弘報連盟・祇園祭山鉾町『昭和三十九年　祇園祭小史』)。

前述のように、祇園祭の山鉾は前々年に重要有形民俗文化財に指定されており、現状変更には許可が必要であった。そこで、この年三月には、保昌山に続いて、占出山・芦刈山・浄妙山・黒主山・八幡山・白楽天山が、続いて五月に、前祭の太子山・油天神山・孟宗山・鯉山の現状変更が許可された。車輪付きの新しいスタイルでは、従来通りの人数のかつぎ手が、一見かつぐようにしてひっぱることになった。例年なら、山建ての出来あがる順に、各町内で〝かつぎ初め〟を行い、縄のしめ具合などを確認

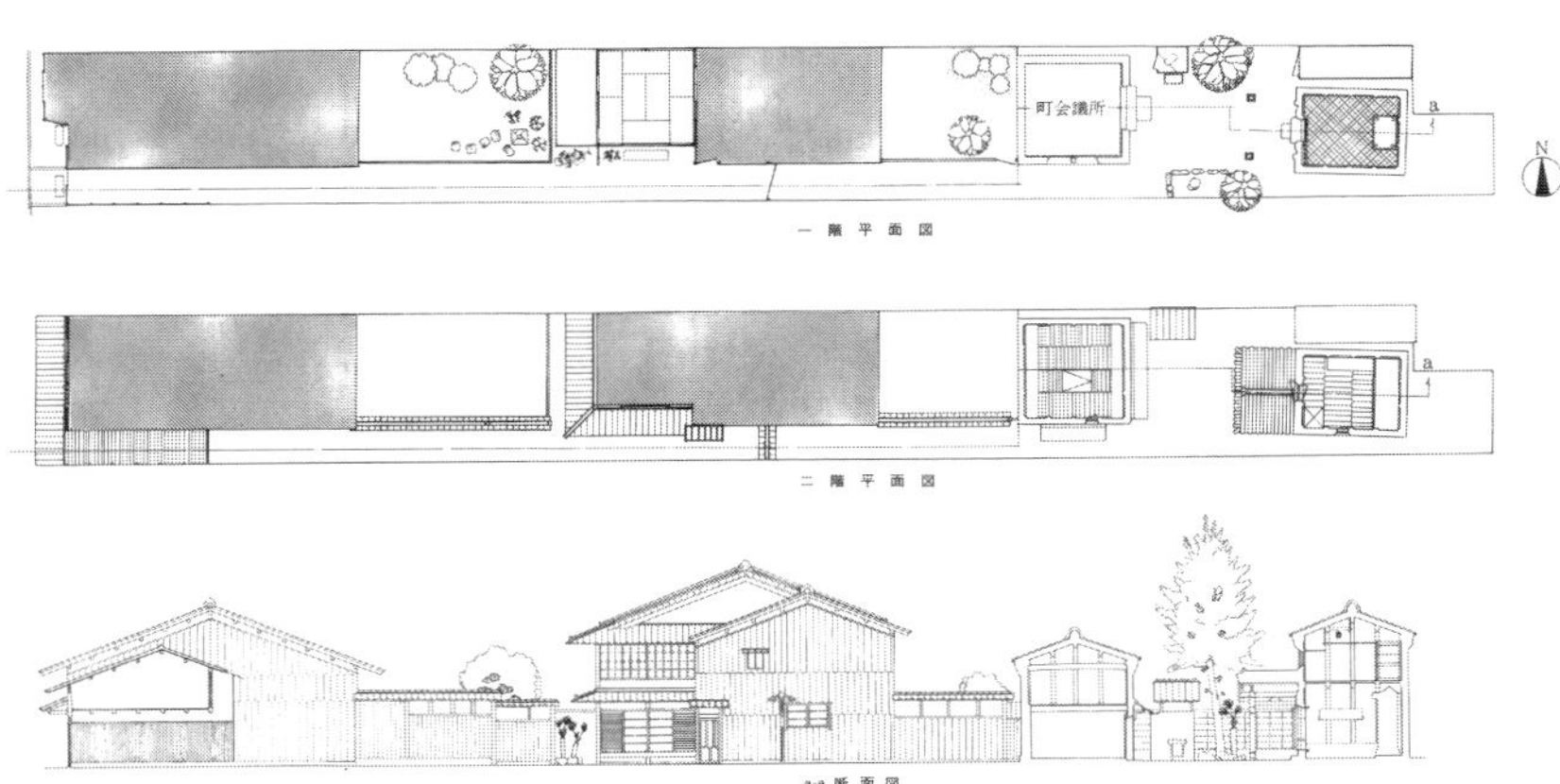

図46　太子山の会議所・収蔵庫・その他(京都大学工学部建築学教室建築史研究室編『祇園祭山鉾町会所建築の調査報告』)

して完成を祝うのだが、経費節約と交通渋滞も相まって、この年からは取りやめになった(『京都新聞』一九六四年七月一五日)。

もともと、舁山のかつぎ手(山舁き)の仕事はたいへんな力仕事であったから、近郊農村などからの助けを借りていたが、この頃から、大学生なども参加するようになっていく。太子山の場合、同志社大学グリークラブ(男声合唱団)の協力で巡行するようになった(図44・45)。

その後、一九七二年、舁山で最後まで車輪を付けていなかった郭巨山も現状変更を決断し、これで全ての舁山が車輪付きとなった。

■太子山の「収蔵庫」と飾場の変化

重要有形民俗文化財への指定や巡行の運営方針の変更などをふまえ、一九六五年(昭和四〇)八月上旬から一一月上旬にかけて、京都市では、祇園祭山鉾と山鉾収蔵庫・町会所の本格的な調査を行っている。『重要民俗資

料　祇園祭山鉾に関する資料』に、祇園祭山鉾館（円山公園内の収蔵庫）が設置される以前の各山鉾の状況がまとめられており、これによれば、当時の太子山は以下のようであった。

まず、太子山の所有者は「太子山町（五五世帯）」で、代表者は「秦与兵衛」、「山は町内在住者の共有財産。町内から出た人は山についての権利を失う。新たに町内に入った人は原則として権利を得る」と記載されていた。また、太子山の「収蔵庫」（土蔵、東蔵のこと）と、それに隣接して建てられている「町会議所」（町会所、西蔵）は、いずれも、土地・建物の所有者は「太子山町在住者（ただし、登記名義は秦与兵衛）」であった。

さらに、一九六五年に京都大学により祇園祭山鉾町の町会所建築の悉皆調査が行われている（京都大学工学部建築学教室建築史研究室編『祇園祭山鉾町会所建築の調査報告』）。切妻造平入本瓦葺の土蔵（東蔵）は、祈禱札から文政四年（一八二一）頃の建築とみられ、かつては山木材の主な収蔵場所であった。町会議所（西蔵）は、切妻造平入桟瓦葺・土蔵造で棟木銘から一八八四年（明治一七）の建築と知られる。かつては「荒物蔵」とも呼ばれ道具類を収納していたという。一九六三年に一階内部を改造し、一階を町内の集会場所とした。山鉾館に太子山懸装品が移されるまでは、この二階に太子山の懸装品が保管されていた。

こうした調査により、祇園祭山鉾町の町会所や収蔵庫の状況が明らかになると、山鉾の保管に苦労している町が少なくないことが浮き彫りになった。そこで、一九六八年には円山公園内に祇園祭山鉾館が整備され、いくつかの山鉾はそちらに保管されることになった（京都市文化観光局文化課『祇園祭——戦後のあゆみ』七四頁）。太子山もそのひとつである。

図51（九二頁）は太子山の飾場が路地奥にあった時代の風景である。夕方になると各家の前に床机を出して夕涼みし、談笑するなど、当時は静かなゆっくりとした時間が流れ、お町内だけのお祭りのような雰囲気があったという。

また、町内の子どもたちも山建てを楽しみにし、通りの真ん中で遊びに興じた。図52（九三頁）は一九六四年七月の宵々山の日の記念撮影。当時の太子山は、宵々山でもとても静かで、子どもたちは、お囃子の流れる鉾町をうらやましく思ったという。

そうしたひっそりとしたお祭りの時代があったが、太子山にも他の山鉾町のように、見物客が増えてくることが予想されるようになると、祇園祭期間中の太子山の飾場についても、一九七〇年頃からは、路地奥のスペースではなく、油小路通に面した秦家の店の間が使われるようになった。

このように、高度経済成長には、ひとびとの暮らしや祇園祭山鉾にも大きな変化がもたらされた。

■近年の太子山町

二〇一五年、太子山保存会は一般財団法人となり、役員を選挙制とし、町内会と分離して運営されるようになった。

太子山町では、二〇二一年一二月からリーフレット『太子山通信』を刊行している。『太子山通信』二号「お知らせ」では、「門屋、お蔵など太子山関連設備の改修について」伝えている。門屋（もんや）（町会所への通路の入口にある、門と小さい倉庫が一体になった建屋）と「お蔵」の老朽化が問題になっていたが、現在は、補修工事が進められている（二〇二三年一二月現在）。

太子山の守護神とされる聖徳太子像は、ふだんは「お常着」を着せて土蔵の厨子に安置されている。聖徳太子の命日が二月二二日とされるところから、町内の行事は二二日に行われることが多い。八月二二日には、塩竈（しおがま）太子堂白毫寺（びゃくごうじ）（富小路通五条下る、単立寺院）の住職を招いて土蔵前で大般若経転読法要が行われてきた。また、毎年一一月二二日には町内の行事としてお火焚きが行われる。

図47　飾当番（かざりとうばん）を務めた年の秦家（1911年7月17日）

図48　巡行当日の太子山と秦家（1911年7月17日）

図 49　舁山(人がかつぐ山)のころの太子山
(右端が 11 代与兵衛(芳三)．撮影年月日未詳)

図 50　太子山の山舁きさんの食事風景
（撮影年月日未詳　一般財団法人太子山保存会所蔵）

図 51　祇園祭宵々山の日の太子山町．飾場が路地奥にあったころの風景（1964 年 7 月 15 日）

図 52　祇園祭宵々山の日の太子山町の子どもたち．町内の子どもたちも，山建てを楽しみにし，通りの真ん中で遊びに興じた(1964 年 7 月 15 日)

図53，54　屛風祭の日の秦家奥の間（上）と，店の間（下）（1970年7月16日，「京の記憶アーカイブ」より引用　撮影：近藤豊）

図 55　飾場となる秦家(1970 年代)

図 56　宵山の日の秦家（2019 年 7 月 16 日）

図 57　太子尊お飾場（2019 年 7 月 16 日）

図 58　太子山の杉の葉のお守り（2019 年 7 月 17 日）

図 59　巡行当日，町を出発する太子山(2023 年 7 月 17 日　撮影：秋元)

第三章　薬種業の家としての秦家

［執筆］ 小林文広

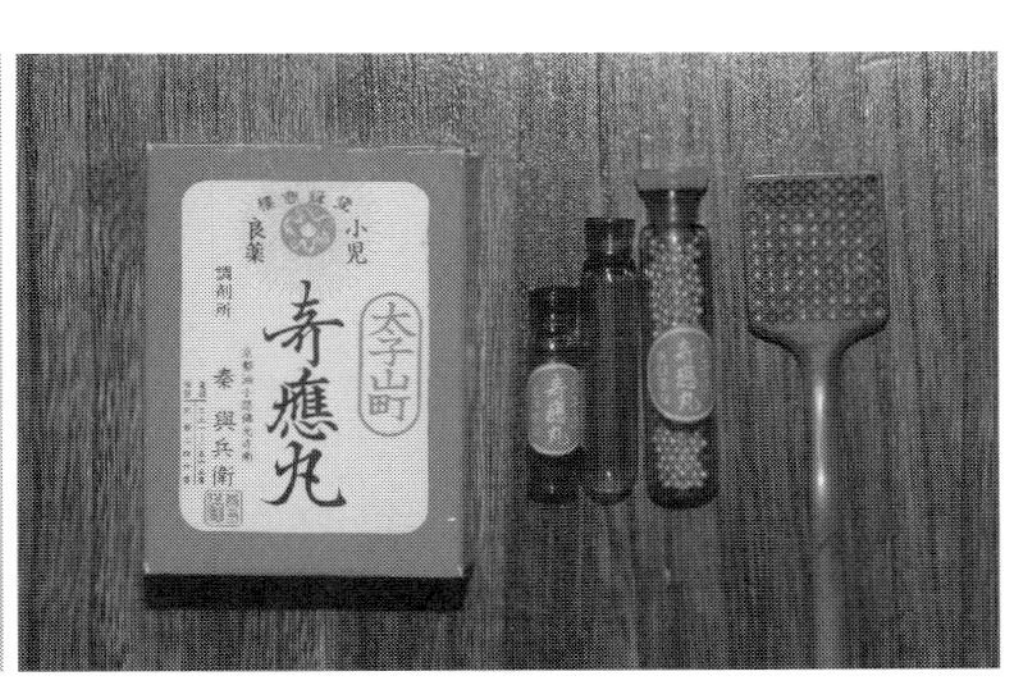

図60　奇応丸と奇応丸を数えるための匙

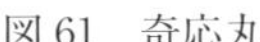

図61　奇応丸

■松屋与兵衛と奇応丸

秦家に残る言い伝えでは、「初代与兵衛」が薬種商を始めたきっかけは、家の前に薬量をはかる匙が落ちていたことだったという。薬を煎じることは、人々を苦しみから救い、社会に貢献するということを意味しているのだろう。本章ではまず、秦家が小児薬奇応丸の製造元として知られるようになるまでのあらましについて紹介しておきたい。

乳幼児死亡率が高かった前近代の日本社会では、夜泣きや疳(かん)の虫(むし)、ひきつけや消化不良など子どもの体調に対する関心が高く、不調が続く子どもには灸(きゅう)や虫封(むしふう)じのまじないも盛んに行われた。庶民は、評判が良い医者に簡単にかかることはできず、安静にさせ、あり合わせの売薬を与えることぐらいしかできなかったのであろう。江戸時代に漢方薬が普及すると、小児薬の中では奇応丸や救命丸がよく知られるようになった。大坂天満橋二丁目に拠点を置く樋屋(ひや)忠兵衛は、上方で奇応丸が声価を高めるのに大きな役割を果たした。同家が守り伝えた樋屋奇応丸の歴史をまとめた『樋屋奇応丸のあゆみ』によれば、江戸時代に奇応丸を商う店は

図62　牛黄(撮影：秋元)
秦家に残る生薬，以下同じ

図63　熊胆(撮影：秋元)

江戸や越中富山、肥前田代などにもあり、全国にその名が知られていたことがわかる。

『樋屋奇応丸のあゆみ』などが詳しく記しているように、古代以来、薬業の基礎には大陸からもたらされた漢方の知識があり、その経験に基づく薬種(生薬)の調合と服用する分量などの工夫によってさまざまな合薬が生み出された。そうした合薬の中から顕著な効果や副作用の少なさなどから広く流通する名薬が知られるようになる。古くは、蘇合円、麝香丸、阿伽陀薬、人参湯などの名が知られているが、公家や僧侶などの記録に見られる薬であり、庶民にまで行き届いていたかどうか定かではない。

江戸時代になると、そうした名薬の一部が庶民の間にも普及し、広く世に知られるようになる。富山の反魂丹、伊勢の万金丹、大和吉野の陀羅尼助、近江日野の感応丸などは、全国にその名を知られ、時には土産物として、あるいは行商人によって他地域にもたらされた。また、各地で名薬の製法を真似た類似薬が登場することも避けられなかったであろう。とはいえ、その原料となる生薬の多くは中国大陸や朝鮮半島からの輸入品であった。植物由来のオウバクやゲンノショウコなどは一部日本列島でも入手できたが、大陸を原産地としている地黄や朝鮮人参など、あるいは、動物由来の牛黄(図62)、熊胆(図63)など、化石や鉱物由来の竜骨などは多くを輸入に依存しており、人気がある産地の生薬は高価な貴重品であった。したがって、薬種商は舶来品を取り扱うことができる唐物商と密接な関係にあり、唐物仲間に入っていることも多かった。

図64　秦家店の間の薬だんす

秦家に伝わる太子山奇応丸は、大坂の樋屋と並んで、京都の奇応丸として広く知られ、その当主は、代々松屋与兵衛を名乗っていた。松屋与兵衛が薬種商を営むようになった時期については、すでに『秦家住宅』でも紹介されているように、嘉永四年(一八五一)四月付の「問屋組合再興被仰付候ニ付前々仲ケ間被遊御立置分当町内名前書」が重要な手がかりとなっている。これによれば、松屋与兵衛が「薬種渡世」を営むようになるのは元禄一三年(一七〇〇)であり、薬種仲間としては「元八日組」に属していたという。松屋与兵衛は、問屋組合(株仲間)再興後再び八日組に所属することになった。

松屋与兵衛については、正徳五年(一七一五)に笹治

図65　沈香（撮影：秋元）

喜内との間で神仙金寿円という薬の販売をめぐってやりとりがあったことが知られるので、この時期に薬に関わる商売に携わっていたことは確認できるが、奇応丸の製造あるいは販売を行っていたかどうかはわからない。奇応丸に関しては、享保一八年（一七三三）四月に森三徹という人物が松屋与兵衛から「奇応丸」と金字で書かれた看板を借りて販売を行ったことを示す文書が残っている。その際、森三徹は奇応丸の製造を行わないことを約束しており、松屋与兵衛が製造権を握っていることもうかがえる。

とはいえ、奇応丸は広く各地で製造が試みられていた漢方薬であり、京都市中でも松屋与兵衛以外に製造していた家がいくつもあった。延宝六年（一六七八）には、有力公家の近衛基熙が八月二日の日記にその製法を記録しており、人参、沈香（図65）、麝香、金箔を熊胆水で混ぜて丸薬に仕立てているところから、後の奇応丸と同様のものであることがうかがえる。薬効としては、「瘧」（熱病）、「大霍乱」（日射病か）、「産後チノミチ」（血の道、出産後の心身の不調）があげられているので、大人が服用するものであったことがわかる。また、一八世紀になると、江戸在住の山東京伝、曲亭馬琴、式亭三馬なども奇応丸を製造あるいは販売していたといわれる。それだけ一般に流布し、専業でなくても利益が出るほどの人気薬になっていたのである。

一方、京都の松屋与兵衛は、前述の神仙金寿円のほか、明和湯、黒丸子などさまざまな薬を取り扱っていたようであるが、享保一八年までには奇応丸の販売権を有するようになっていた。また、第二章でも明らかにされているように、遅くとも明和八年(一七七一)には、この松屋を継承する人々が秦という苗字を名乗るようになるのである。

■太子山町と奇応丸

奇応丸の広がりを考える上で、松屋与兵衛が文政五年(一八二二)一〇月に太子山町と取り交わした文書は重要である。松屋与兵衛は、町内で奇応丸の販売を一手に行うために、祇園祭の費用として地ノ口(じのくち)米(まい)五斗を毎年負担することを約束した。確かに、文化九年(一七九七)六月に書き始められた「祇園会入払帳」(太子山町文書F10)によれば、文政六年(一八二三)の祇園祭から針屋町や下蔵屋町などの寄町(よりちょう)と並んで松屋与兵衛が米五斗代として銭を拠出していることが確かめられる。ちなみに、この年は三貫二百五十文を拠出している。米代を銭で納めるので、米が安いときは問題ないが、高値になると負担が大きくなる。天保の飢饉にあたる天保八年(一八三七)の記事によれば、針屋町は米五斗分の代銭十二貫五十五文が負担できず、交渉の結果、五貫文を納めて済ませている。それに対し、松屋与兵衛は規定額を支払っており、奇応丸による収入の大きさを推し量ることができよう。

松屋与兵衛と太子山町との取り決めは、万延元年(一八六〇)一一月にもなされており、引き続き米五斗の拠出が定められた。ただ、翌年の記録を見ると、同じ米五斗でも、針屋町は七貫七百文を、下蔵屋町は七貫三百八十五文を、松屋与兵衛は九貫四百文を納めており、それぞれの懐具合に応じて拠出額を決めていた実態をうかがうことができる。

ちなみに、文久三年（一八六三）六月に書き起こされた「祇園会入払帳」（太子山町文書F14）によれば明治三年（一八七〇）までは「松屋与兵衛」の名で地ノ口米を納めているが、明治四年からは「秦与兵衛」の名で納めており、松屋と秦家との連続性をここでも確認することができる。

■奇応丸の人気と競争相手

天保二年（一八三一）に発行された『京都買物独案内』によれば、京都の薬種商の中で奇応丸を扱っていたのは、次の五軒であった。

薬王奇応丸	新町五条角	唐屋佐兵衛
家伝奇応丸	二条組	松屋庄左衛門
奇応丸	油小路仏光寺下ル太子山町	松屋与兵衛
勅許奇応丸	高倉通竹屋町上ル	秦　山城大掾
勅許奇応丸	小川一条上ル町	菅野喜内信之

前述のように、松屋与兵衛は太子山町内での奇応丸の製造・販売権を独占していたが、他町にも奇応丸を扱う商工業者が複数いた。

明治維新後の一八七六年（明治九）に発行された「京都売薬盛大鑑」によれば、番付の筆頭にあたる竜（東）の正大関に掲げられた太子山奇応丸（「油仏下　秦家」、油小路仏光寺下る、すなわち油小路通と仏光寺通の交差点から南に下がったところにある秦家で製造しているという意味）以外にも、前頭として二条東洞院西入るの慶松奇応丸、寺町丸太町下るの奇応丸、三条室町の奇応丸、頭取として三条室町西入るの奇応丸（西村家）などが掲げられており、京都市内にも奇応丸を販売している家が多数あったことがうかがえる（図66）。ここでも、太子山奇応丸は別格であったが、三条通室町西入るの西村家が「頭取」という位置を占めていたことからも、有力な競争相手がいくつかあったことが推察される。また、この番付には蛸薬師東洞院東入るの即治丸も登載されていた。

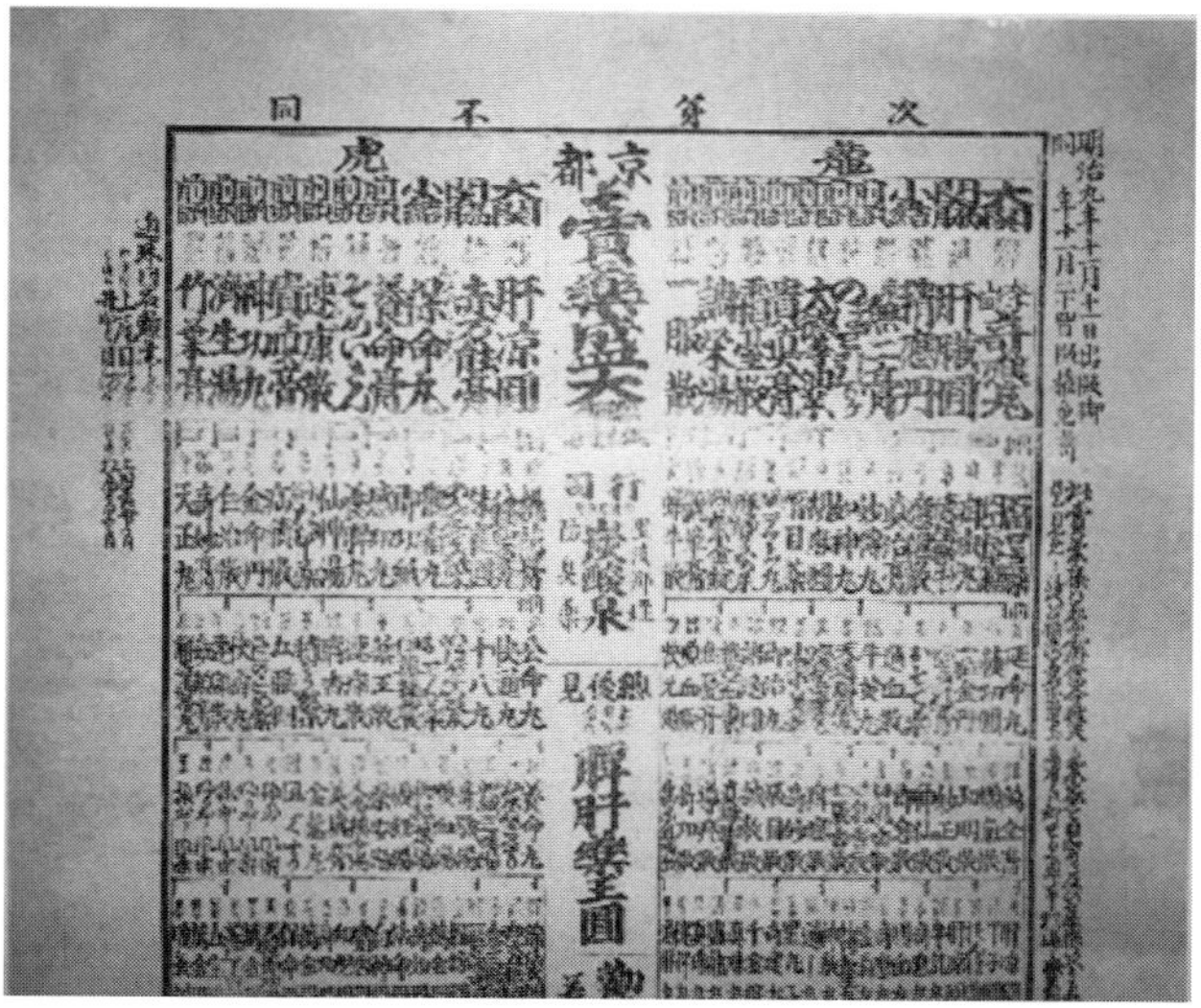

図66　京都売薬盛大鑑（撮影：小林）

ここで二条東洞院西入るで奇応丸を製造していた慶松家について補足しておくと、二条薬問屋街でも有力な松屋一統の本家筋にあたる慶松勝左衛門の家であった。おそらく、『京都買物独案内』に掲載されている「松屋庄左衛門」も慶松家のことであろう。

慶松家の祖先は越前国福井の豪農であったと伝えられるが、京都に進出後は医業と売薬を中心に財をなし、売薬の中心は奇応丸だったという。慶松家（松屋勝左衛門、松勝）を中核とする松屋の暖簾内には、松吉（掛見吉兵衛）、松喜（掛見喜兵衛）、松繁（掛見繁松）、松嘉（栗津）などがあり、幕末には松勝よりも松喜など分家の方が売り上げが多かった。ただ、松屋の暖簾は松勝から与えられるのを慣例としたという（中野卓『商家同族団の研究――暖簾をめぐる家と家連合の研究』）。

また、秦家には一八八三年（明治一六）一〇月二日の日付がある集合写真が残っている（図67・68）。この

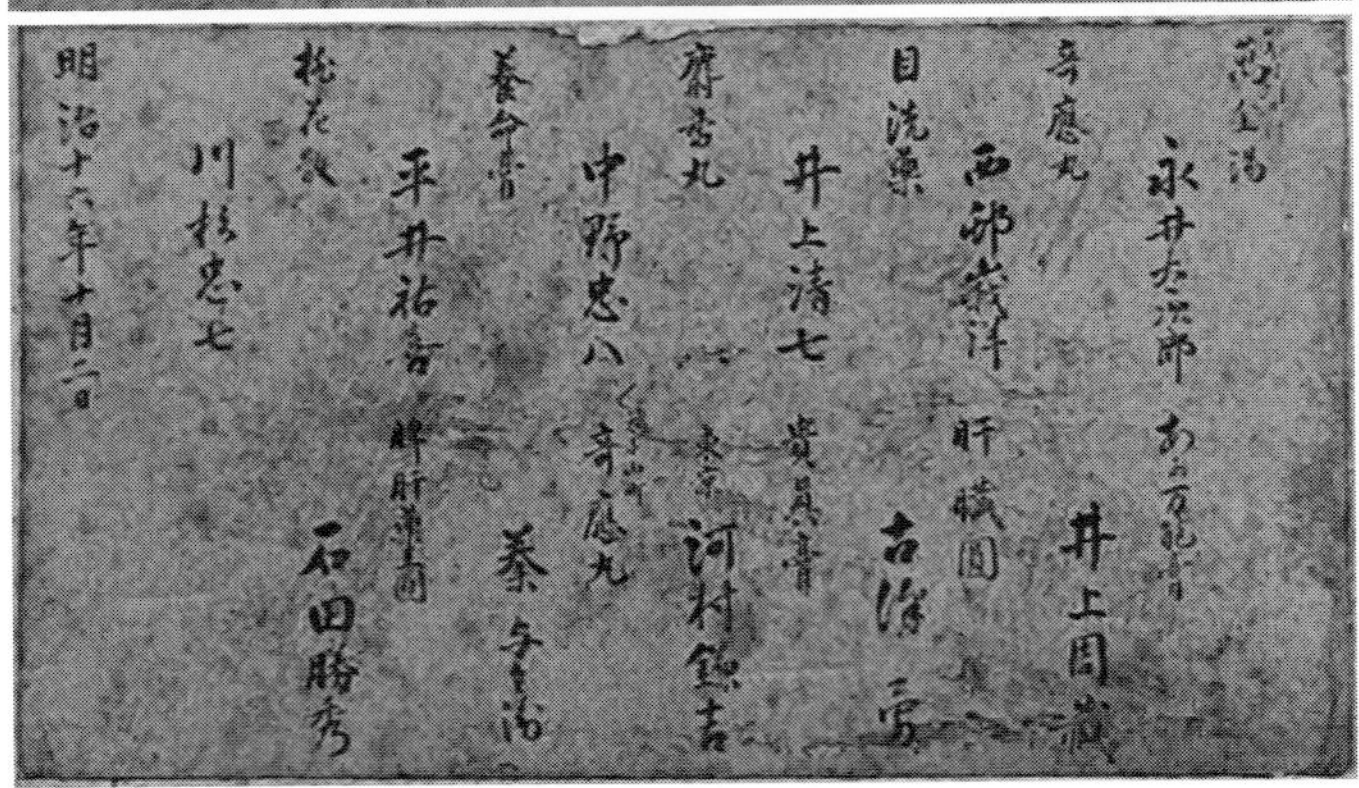

萬金湯　永井太次郎
井上周蔵
奇應丸
肝臓圓
目洗薬　井上清七
齊壽丸　中野忠八
東京　河村鎮吉
養命酒　平井祐喜
奇應丸　秦
桃花散　川桂忠七
脾肝薬圓　石田勝秀
明治十六年十月二日

図 67（上）　京都製薬業者集合写真（1883 年 10 月 2 日）
図 68（下）　同写真裏書

表2　1880年代京都の主な製薬業者

1883年10月2日集合写真より		「京都売薬本家時習舎名所図絵」より	
万全湯	永井太次郎	のぼせ引きつけ万全湯	永井
奇応丸	西村箕洋	奇応丸	西村
目洗薬	井上清七	御めあらひ薬	井上
麝香丸	中野忠八	麝香丸	中野
養命膏	平井祐喜	養命膏	平井
桃花散	川杉忠七	—	—
あか万能膏	井上周蔵	あか万能膏	井上
肝臓円	古沢勇	肝臓円	古沢
貴真膏	河村鎌吉（東京）	貴真膏	藤村
奇応丸	秦与兵衛	太子山丁奇応丸	秦
脾肝薬王円	石田勝秀	脾肝薬王円	石田
—	—	肝涼円	堀
—	—	無二膏	北雨森
—	—	無二膏	南雨森
—	—	貴真膏	本田

写真に写っている人物は表2の通りであるが、この時期の京都を代表する漢方の製薬業者が一堂に会した貴重な写真である。これと同じ頃の京都の製薬業者の分布を示したものに、「京都売薬本家時習舎名所図絵」がある。一八七九年～一八八五年頃に作成されたと思われるこの絵図には太子山町奇応丸の本家として「秦家」が明記されていたが、奇応丸の製造元は他にも、三条衣棚町の西村家が登載されていた。さらに、南北二軒の雨森無二膏、平井家の養命膏、堀家の肝涼円、永井家の万全湯、藤村家と本田家の貴真膏、井上家の赤万能膏、古沢家の肝臓円、井上家（図69）の目洗い薬、石田家の脾肝薬王円、中野家の麝香丸が図示され、京都を代表する名薬であることを誇示している。

この絵図を作成した時習舎は、京都の売薬業者が結成した業界団体のことと思われ、大阪の徳盛会などと並んで売薬の品質向上、乱売防止を目的と

図 69　目洗薬の井上家現況（撮影：小林）

していた。秦与兵衛はその中でも顔役として知られていた。ちなみに、これ以外に京都の名薬として知られていたものに、梅軸軒の蘇命散（奥渓家、同家住宅は京都市指定文化財）、そげ抜きの速康散（久保田家）などがあったことを付記しておく。

ただ、一九二〇年（大正九）一〇月に発行された『全国著名売薬方名集』によれば、奇応丸を扱う売薬商として全国から一五軒もあがっており、そのうち東京が七軒、大阪は谷回春堂と樋屋合資会社の二軒があるのに対し、京都市内からは太子山町の秦与兵衛一軒のみが記載されている。近代化に伴い西洋薬が浸透するに従い、京都の他家は衰退していったのだろう。結果的に、京都で奇応丸といえば、太子山奇応丸を指すことになっていった。

他方、人口増加が続く東京や大阪では、庶民の家庭薬として親しまれていたのであろう。それ以外の地域からは、京都府舞鶴町、岐阜市、長野県王滝村、京城（現ソウル）旭町（楽天堂製薬）、奈良県御所町から各一軒が選ばれている。

同書によれば、秦家の奇応丸は、価格が一〇銭から五円までと比較的高価で、効用は「五疳より発する諸病良薬」とされている。一九一五年発行の『京都ダィレクトリー』は「秦与兵衛氏」の項目で、先代までは刺繡業も兼業していたこと、奇応丸以外にもいためずつうじ丸、即治丸を販売していること、日蓮宗に帰依し、鬼子母神を深く信仰していること、その信仰をもとに「社会一般不幸なる病者を救はんが為め」に薬業を営んでいることを紹介する。その上で最後に、「主として市内に得意を求め、近時内地及遠く朝鮮地方に及べり」と記している。京城の楽天堂製薬との関係は不明であるが、太子山奇応丸の販路は、植民地支配下の朝鮮半島にまで及んでいたのである。

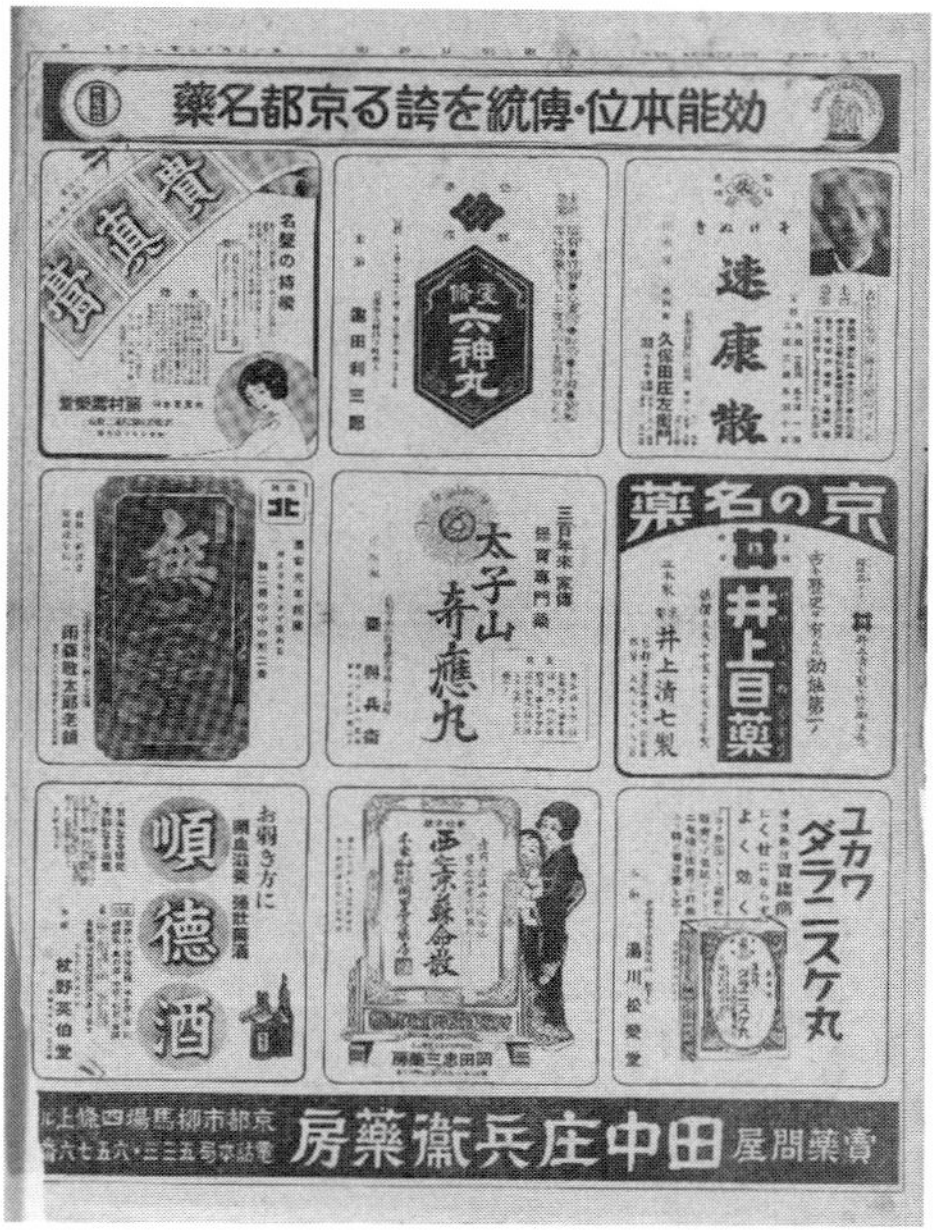

図70 『大阪朝日新聞』の京都売薬業者広告(1935年5月15日 京歴保管スクラップブック4)

■いためずつうじ丸と即治丸

明治三年(一八七〇)一一月、与兵衛が先代の妻ついに対して提出した「一札」は、製法の伝授の仕方を伝えるものとして興味深い。「一札」には、「一、家伝薬王奇応丸秘法、此度御大切之儀御譲ニ預り難在次第ニ奉存候、然上者右調合之秘伝一切他言不仕候、仍而如件」とあり、口授の秘伝であった

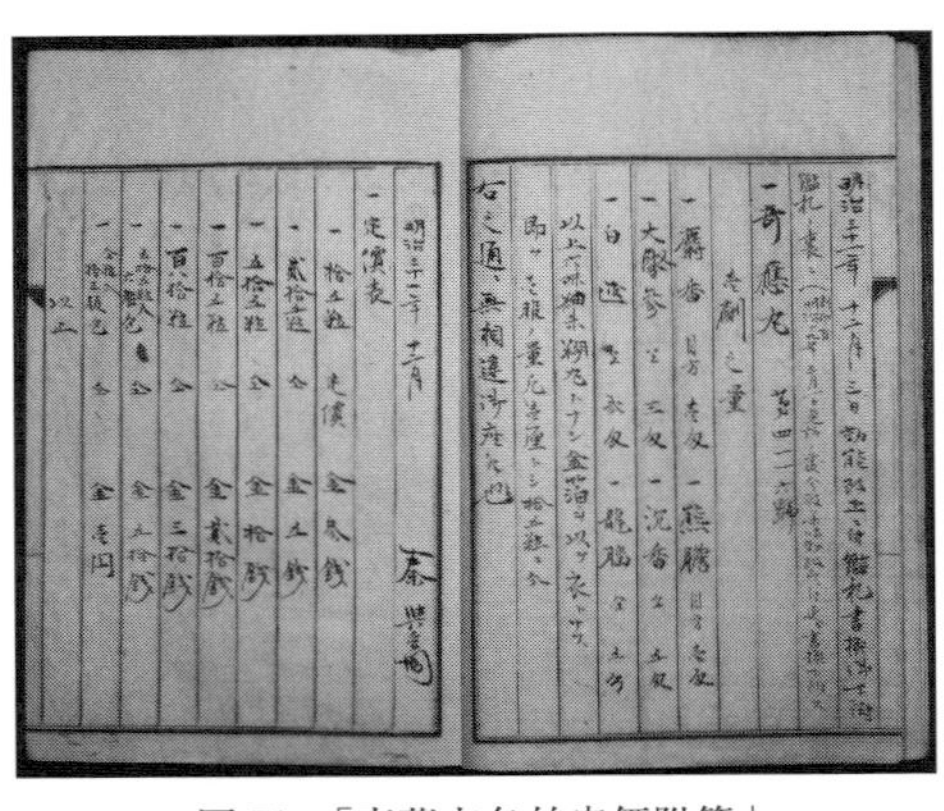

図71 「売薬方名幷定価附簿」

図72 竜脳（撮影：秋元）

ことをうかがわせる。

しかし、現在も秦家に残る「売薬方名幷定価附簿」によれば、奇応丸の製法が定価とともに詳しく記録されており、売薬の免許を得るための努力の跡を見ることができる（図71）。

それによれば、奇応丸の製造にあたっては、麝香一匁五分（一匁は三・七五グラム）、熊胆一匁、大人参一匁五分、白朮五分、沈香一匁五分を混ぜ、それらを丸薬として粒状にまとめるために、金箔五〇枚を要するという。こうしてできた奇応丸は、六粒を一服として金一銭で販売されたという。一八八三年（明治一六）の記録である。

当主与兵衛の筆と思われるこの記録には、一八九七年段階での応神丸という薬の製法もまとめられている。これによると、阿仙薬一〇匁、甘草二匁、黄連五分、竜脳（図72）五厘、桂枝一匁六分、薄荷葉二匁、人参五分、丁子二分の粉末を混ぜ、銀箔で包んだものという。一服の量は五分として、定価五銭で販売された。

奇応丸については、一八九八年にも製法が記されているが、「効能改正」のためとして成分構成を変え、定価も五五粒入一三服(七一五粒)で一円に改定していることがわかる。また、一九〇七年にも成分構成を変え、同じく七一五粒を一円で販売しているが、成分構成の微妙な変化から、小児向けの大衆薬として、価格を維持することに腐心している様子がうかがえる。

また、一九〇〇年にはいためずつうじ丸の製法と効用が書かれている。原料は大黄八〇匁、甘草四〇匁、黄連四〇匁、これらを混ぜて丸薬とする。効能は、「大小便不通」「逆上ヲ下ケ」「頭痛、歯痛、食滞、溜飲、眼耳ノ病」などとなっていた。

図73　秦家に今も掲げられるいためずつうじ丸と即治丸の看板

さらに一九〇四年には、「小児たんせきの良薬即治丸」の製法と効能が記される。原料は半夏末一〇〇匁、重曹五〇匁、吐根末九分六厘。効能は、「小児たんせき、百日咳、咽喉のはれ疼み」、「痰切れかね胸苦しき等総て劇咳頻発の刺撃を緩解し気道の分泌物を排除し呼吸困難を

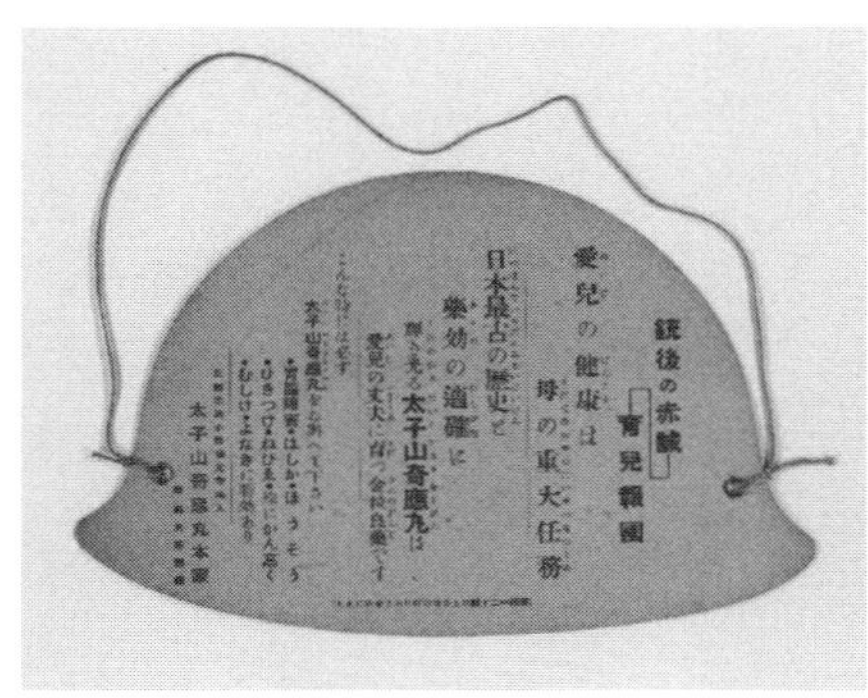

図 74　戦時中広告用につくられた鉄兜のお面(京歴保管スクラップブック 4)

治す」などとなっている。

一九〇七年は秦家の代替わりのため、いためずつうじ丸と即治丸についてもあらためて製法を明らかにしているが、成分構成に大きな変化はなかった。

■広告と機械化

小児向けの救急薬であり、丸薬として携帯にも便利だった奇応丸や救命丸は、富山の薬売りによる配置薬や旅行者による土産物としても普及したことが推測されるが、明治維新後は新聞広告によって、ラジオやテレビが普及してからはコマーシャルによって人口に膾炙した。

秦家には、一九二〇年代から戦後にかけて作成された新聞広告やちらしなどがスクラップブックに整理され、残されていた。現在は京都市歴史資料館が所蔵しているそれらを見ると、太子山奇応丸は関西一円の薬舗と代理店契約を結び、販路の拡張に力を入れていたことがわかる。一九三六年には、太子山奇応丸、いためずつうじ丸、即治丸を扱う代理店を集めて太子山会を組織、祇園歌舞練場の都をどりに招待するなど、販売促進に力を入れた。戦時体制下では、秦家の広告にも、「育児戦線確保／愛児の健康こそ第二世御国の守り」「長期建設に第二国民の育成強化こそ母親たる方の重大任務」といった言葉が踊るようになった。一九三七年一一月七日付『京都日出新聞』では、健康週間に合わせた全面広告を作成し、次のような「太子山奇応丸本舗育児相談部」の談話を掲載している。

表3　京都家庭薬協会員名簿（1990年頃）

会員名	主要製剤名	備考
雨森敬太郎薬房	北印，無二膏	
雨森済世堂	無二膏	
㈱井上清七薬房	井上目薬	
上尾製薬株式会社	「京目薬」を抹消して「京都虔修六神丸」と書込	
㈱亀田利三郎薬舗	六神丸	
太子山奇応丸本舗	太子山奇応丸	名簿から抹消済
福田精斎藤薬房	蘇命散	
古沢松緑堂薬房	肝臓円	名簿から抹消済
山村寿芳堂	瑞星	
㈱湯川松栄堂	陀羅尼助丸	

本資料については亀田知之氏よりご教示を得た

当家伝の太子山奇応丸の母性に対する力説こそ非常時日本の育児報国の一端と思ひご認識を願ひ度いもので御座います、創製より当主秦与兵衛十二代に至る凡そ三百年間、研究に研究を重ね幾百万の体験者をして今日あらしめたるもので、その創見は当家に鎮守し祀られる三面大黒天の信仰より信じたるものと言ひ伝へられ、その当時の話事はたくさん残つてをります

小児薬は産めよ増やせよの時流にも合っていたのである。

一方、金の統制が強まり、奇応丸のトレードマークになっていた金粒は銀粒に変更され、さらに企業統合によって京都家庭薬株式会社の一部に吸収されることになった。京都家庭薬株式会社には、秦家のほか、六神丸や仙丹で知られた亀田家や肝臓円の古沢家などが組み込まれた。

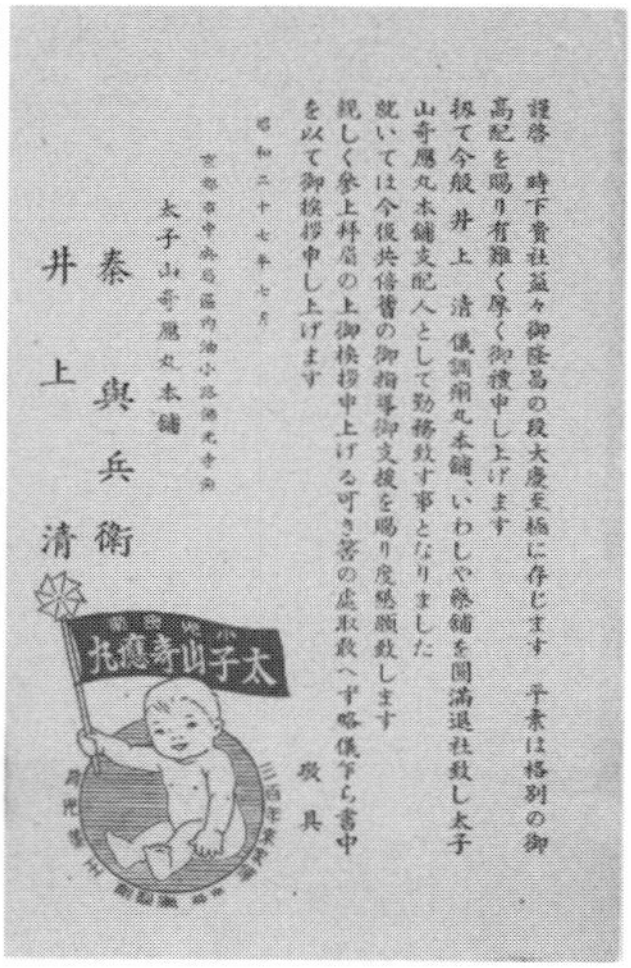
謹啓　時下貴社益々御隆昌の段大慶至極に存じます　平素は格別の御
高配を賜り有難く厚く御禮申し上げます
扨て今般　井　上　清　儀調剤丸本舗、いわしや藥舗を圓滿退社致し太子
山奇應丸本舗支配人として勤務致す事となりました
就いては今後共倍舊の御指導御支援を賜り度懇願致します
親しく參上拜眉の上御挨拶申上げる可き筈の處取敢へず略儀乍ら書中
を以て御挨拶申し上げます　敬具
昭和二十七年七月
太子山奇應丸本舗
秦　與兵衛
井　上　清

図75　いわしや薬舗から支配人を迎え入れることを知らせるハガキ（京歴保管スクラップブック2）

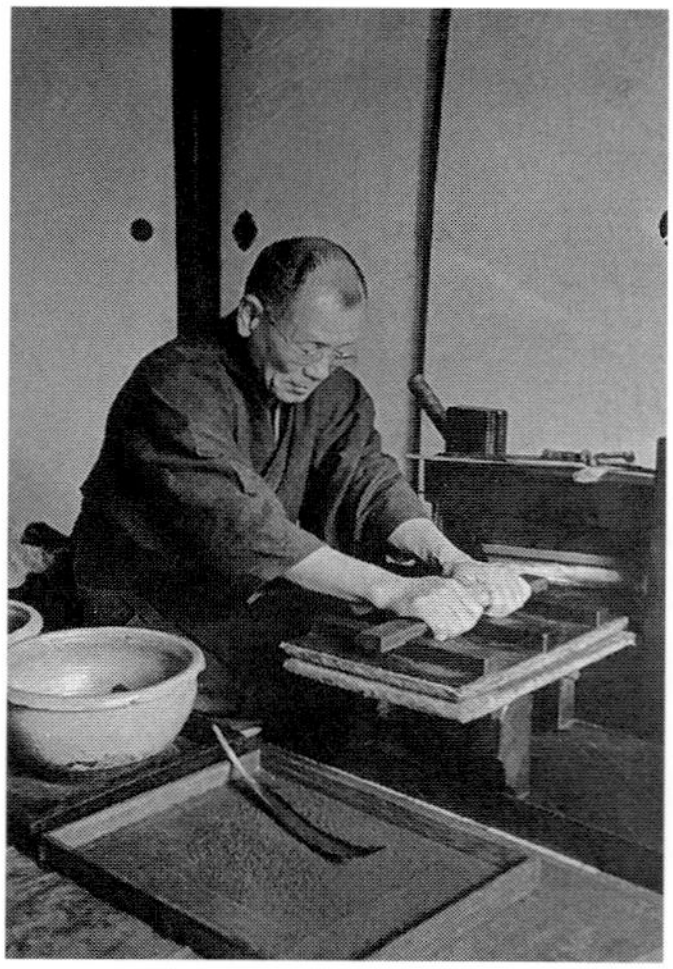

図76　職人による薬づくりの様子（秦家文書346　京都市歴史資料館）

終戦後、秦家は再び独立を果たし、西日本全域に販売網を広げた。一九五二年には堺のいわしや薬舗から支配人を迎え入れるなど、販売に力を入れた（図75）。一方、漢方薬に対する規制は年々厳しくなり、秦家では、規制への対応から庭の一角に機械場を設けるなどして、製薬を続けた。

戦後、薬害を契機にアメリカで法制化されたGMP（医薬品の製造管理及び品質管理の基準）が日本にも導入されるようになると、家内工業によって製造を続けてきた零細な製薬業者は、工場などに新たな投資をするか、廃業するかの選択を迫られるようになった。秦家が機械場を設けたのは、そうした規制への対応策の一環であった。また、絶滅の危機に瀕した動物の保護をうたったワシントン条約により、漢方薬の原料となる生薬も入手しづらくなっていった。雲南麝香（うんなんじゃこう）はその代表的なものであるが、熊胆や犀角（さいかく）なども在庫がなくなった時点で使えなくなるおそれがあった。

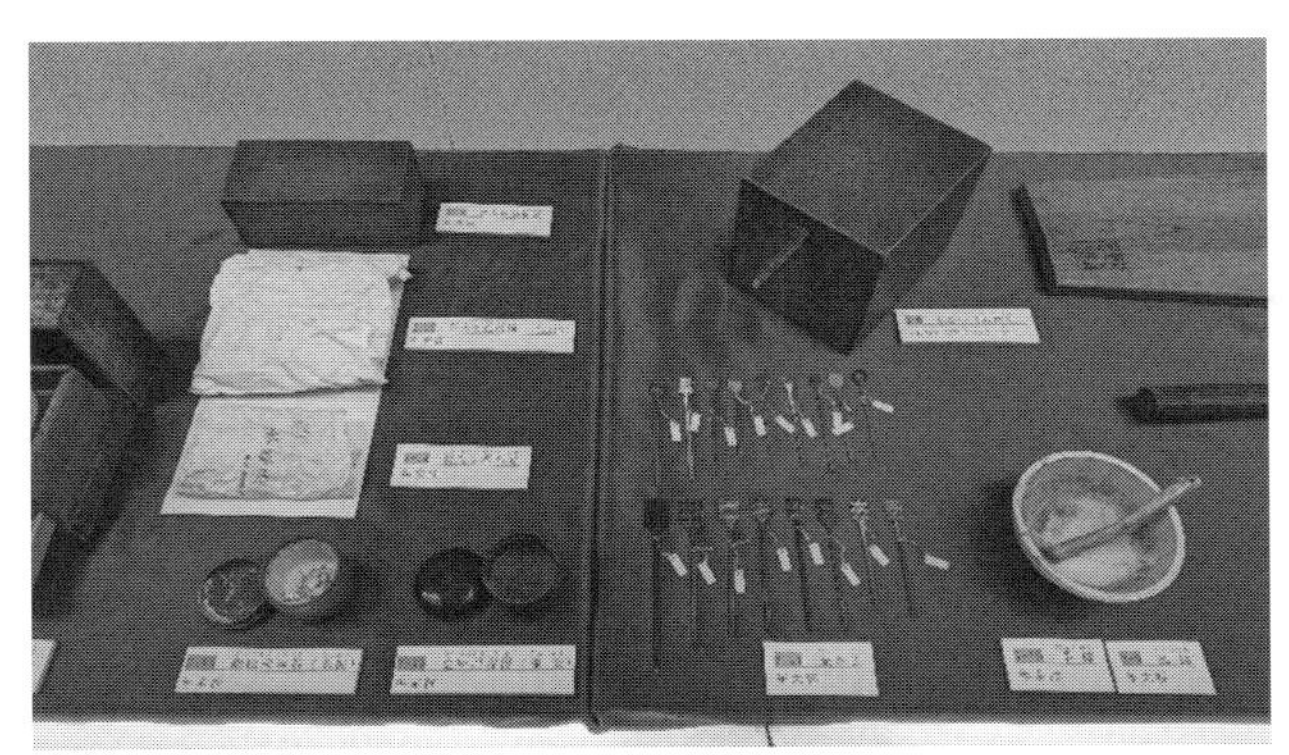
図 77　京都市歴史資料館で展示された秦家の資料

太子山奇応丸が元禄以来の長い歴史の幕をおろすことになるのも、そうした折のことであった。秦家は、京都で漢方の系譜をひく製薬業者の集まりとなっていた京都家庭薬協会からも退会し、同協会の会員は一九九〇年頃には一〇社を下回った(表3参照)。さらに、二〇二〇年代に入ると瑞星で知られた山村家が退会し、会員が六神丸の亀田家だけになったところで、同協会は解散を余儀なくされたのである。

第四章　京都のいま

［執筆］ 小林丈広

1　戦後京都が目指したもの

■戦後復興と都市の理念

ここまで、秦家の歩みを家の継承や祇園祭との関わり、家業である製薬業の展開などを通じて見てきた。そこで本章では、現在の秦家の置かれた状況を考えるために、戦後京都の社会や環境の変化と文化財行政の歩みをたどることにしたい。また、その中で民家、ここでは京町家が置かれてきた立場についても考えることにする。そうすることで、秦家の現在をより真摯に考える手がかりにしたい。

一九四五年(昭和二〇)八月の敗戦後、国内の多くの都市で空襲などによる戦禍からの復興が大きな課題となった。一九四六年に公布された特別都市計画法によって指定された「戦災都市」の数は実に全国で一一五にのぼった。しかし、財政負担の増大に危機感を抱いた政府は、同法による事業規模を縮小し、一九五五年からは土地区画整理法に基づく一般事業の中に吸収されることになった。そこで、一九四九年、各都市が住民投票の結果を踏まえて特別都市建設法を制定できることになり、原爆に被災した広島と長崎で制定された広島平和記念都市建設法と長崎国際文化都市建設法を手始めとして、軍港だった呉や舞鶴など四都市の産業転換を促すための旧軍港市転換法、別府などの国際観光温泉文化都市建設法、横浜などの国際港都建設法、芦屋国際文化住宅都市建設法、軽井沢国際親善文化観光都市建設法などが次々と制定された。京都でも、奈良と同じ一九五〇年九月二〇日に住民投票が実施され、翌一〇月には両都市の国際文化観光都市建設法が公布された。

京都は他都市に比べて空襲などによる被害が小さく、戦前からの建物の多くが残っていたので、本格的な復興計画をたてることができなかった。戦時中に立案された建物疎開の延長線上で、堀川通や五条通の拡幅を行ったのが目立った事業であり、結果的に、大多数の庶民が、木造家屋が櫛比する路地内に暮らすという生活のあり方に大きな変化はなかったのである。そうした中で京都国際文化観光都市建設法が制定され、文化観光保存地区や美観地区を指定することが検討されたが、実現しなかった(苅谷勇雅『京都——古都の近代と景観保存』)。一九五〇年頃といえば、たとえば鹿苑寺(金閣)の西北に位置する原谷で満州などからの引揚者によって開拓が進行し、それを支えるために失業者を雇用して農道や水路などの整備が始まった頃である。市内には仕事を求める失業者の行列ができている中での美観地区の議論はなかなか現実味を持たなかったことであろう。

一九五〇年四月、広島市が制定した市民道徳は、冒頭に「強い信念をもって平和のためにつくしましょう」と平和への決意を掲げた。一〇項目の市民道徳の中には、「思うことを正しく言える市民になりましょう」「他人の私事についてよくないうわさをすることはやめましょう」「服装を正しく胸を張り大手をふって歩きましょう」などといった項目も含まれていた。こうした動きの中には、占領政策の終焉を見据え、自前で戦後民主主義を模索する自治体の姿がうかがえる。その六年後の一九五六年五月に京都市が定めた市民憲章は、「わたくしたち京都市民は、美しいまちをきずきましょう」から始まる五項目のシンプルなものである。ただ、この市民憲章をきっかけに、市営のギャンブルとして一九四九年から開催されていた宝ヶ池競輪場の是非が議論になり、一九五八年に廃止されることになった。跡地には、児童向けの公園としてこどもの楽園が整備され、「大人の地獄を子供の楽園に」とのスローガンが掲げられた。また、戦前までの京都観光には遊廓に依存する傾向があったことは否めないが、一九五六年に売春防止法が公布され、翌々年には性売買が半ば公認されていた「赤線」が廃止された。以後、社寺や名所旧跡の見学を中心とする修学旅行が戦後の京都観光が目指すモデルとなった。

■高度成長とまちづくり構想

一九五六年、都市計画行政が京都府から京都市に移管されたのに伴い、風致行政も市の役割になった。以後、美観地区が再び検討課題となり、二回にわたって詳細な調査も行われたが、実を結ぶことはなかった。京都市は、一九五六年から一九六二年までの間、財政再建団体に指定されており、独自の施策を実施する余裕はなかったのである。

一九六〇年代は高度経済成長のもと、京都でも開発優先の風潮が強く影響した。名神高速道路や東海道新幹線などの建設、国立京都国際会館の誘致や万国博覧会(大阪万博)の開催など、国家的事業が相次ぎ、それに乗り遅れないようにしようとする空気が強かったといえよう。高度成長は都市部への人口流入をもたらしたが、東京や大阪などに比べると京都への流入は緩やかであり、小規模な木造家屋が密集し、過密で隣近所とのしがらみの多い市内中心部よりも、住宅開発が進む郊外への流入が進行した。一九六三年、京都市企画局によって作成された総合開発試案は、政府が作成を進めていた近畿総合開発計画に呼応したものであり、市域南部の工業化を目指すものであったが、その中で洛西ニュータウンの建設がはじめて取り上げられた(田中優大・阿部大輔「1960年代の京都市における総合計画からみる都市像の変容について」)。

それに対して、一九六六年に京都市計画局によって作成された長期開発計画案は、道路網やニュータウン、工業団地などの計画的な整備を目指し、京都駅以南を再開発して、既成都心部と市域南部をつなぐ(軸状都心)など、大規模事業を中心とする市政の方向性を指し示した。しかしこの頃になると、公害や交通渋滞などといった都市問題が顕在化しつつあり、長期開発計画案の是非は一九六七年の市長選挙の争点となった。その結果、革新政党や労働組合に推された富井清が当選し、長期開発計画案は棚上げとなった。

一九六九年、革新市長のもと都市開発局企画室によって作成されたのがまちづくり構想である。まちづくり構想は、市民の暮らしと健康を重視した富井市長の施政方針を体現するものであり、「物価の高騰、住宅の不足、交通の混雑、公害の発生」などこの時期に顕著になっていた都市問題への対応を前面に出した。「市民のくらし」を守るためとして、政府に対して権限と財源の移管を求めるなど自治の実質化も強調されているが、地下鉄や高速道路、ニュータウンなど、長期開発計画案などで示された事業は基本的に受け継がれた。革新市政といえども、都市の人口増加に対応した大規模土木事業を優先する発想に大きな違いはなかったのである。

こうして京都市を中心とする総合計画の模索が続いていたが、この時期には民間の試案もいくつか公表され、京都への関心を高めた。一九六四年に京都大学西山夘三（うぞう）研究室による京都計画、一九六五年に建築家沖種郎（たねお）らによる史都計画・京都、一九六七年に東京大学丹下健三研究室による京都都市軸計画などが作成された。このうち、長期開発計画案に先立つ二計画は、「開発と保存という二領域に分ける点、南部へと都心軸を形成することで同心円状の都市構造から転換する点」において、長期開発計画案に影響を与えた（田中・阿部「1960年代の京都市における総合計画からみる都市像の変容について」）。しかし、これらの計画を検討した苅谷勇雅は、「昭和三〇年代後半の「美観地区調査」の熱気は〔、その後の〕「開発」最優先の方針の中で全く消え失せてしまったようだ」と指摘する（苅谷『京都』）。

■古都保存法の制定

一九六〇年代までの開発最優先の風潮を転換する大きな契機になったのは、一九六四年に明るみになった京都タワーの建設計画と、仁和寺の南部に広がり、境内の一部でもあった双ヶ丘（ならびがおか）の売却とその開発計画をめぐる論争であった。

京都タワーとは、京都駅前にあった中央郵便局跡地に建築された観光客向けの商業ビルの屋上に計画された展望タワーのことであるが、商業ビルの高さが当時の建築基準法による高さ制限ぎりぎりの三一メートルだったのに対し、その上に一〇〇メートルもの工作物（展望タワー）を建築するというものであり、法の網をかいくぐったような計画のあり方を含め、論議を呼んだ。東京オリンピックの開催や東海道新幹線の開通により、観光に対する関心が高まる中で、京都の玄関口に景観に大きな影響を与えるよ

図78　現在の京都タワー(撮影：小林)

うな巨大な工作物が作られることへの、市民の戸惑いも大きかった。京都には「東寺の塔より高いものは建てない」との不文律があるとされ、確かに五五メートル弱の高さを誇る五重塔は木造の塔として日本最高であり、京都のランドマークとなっていたので、その倍以上の高さを持つ京都タワーの建設を簡単に受け入れることはできなかった。

一方、全国的に見ると、名古屋のテレビ塔(一九五四年竣工、一八〇メートル、現在は重要文化財に指定されている)や東京タワー(一九五八年竣工、三三三メートル)など、都市のシンボルとしての塔が観光名所にもなっていたことから、建設を進めた財界関係者は観光開発につながると考えたのであろう。

また、仁和寺の財政問題に端を発した双ヶ丘の売却をめぐっては、ホテルや学校の建設などといった開発計画が浮上したのに対し、国の名勝や市の風致地区に指定されていることから市行政や市民が反対し、国会

図79　仁和寺二王門から双ヶ丘をのぞむ(撮影：小林)

でも取り上げられるに至り、開発は頓挫することになった。同じ頃、鎌倉の鶴岡八幡宮裏山や奈良の若草山の開発などをめぐって同様の論議が起きたため、京都・奈良・鎌倉の三都市で古都保存連絡協議会を設置して、政府への働きかけを強めた。その結果、一九六六年に古都における歴史的風土の保存に関する特別措置法(古都保存法)が制定された。同法は、指定された地域内での開発を禁止し、必要であれば土地の買い上げも行うことができ、京都においても開発一辺倒から政策を転換する役割を果たした。

ただ、古都保存法をめぐっても、奈良県の明日香村を対象に含めていくことに対し、地元住民から生活に支障が出るとして強い反対の動きが起きたことはあまり知られていない。生活の場を文化財化することが当事者にどのような影響をもたらすか、問題が提起されながらも、共有されることはなかった(飛鳥規制反対同盟「〝文化〟が村をおしつぶす——古都保存法などによる規制に反対して」)。

■市街地景観条例と高さ制限

南部開発など既存の計画案を受け継いだまちづくり構想であるが、古都保存法の制定などを受けて、京都を取り囲む北山・東山・西山の三山保存や歴史的町並みの保全など、開発優先の従来の市政を見直す視点も提示した。こうした市の姿勢を象徴するのが、一九七三年に発表されたマイカー観光拒否宣言である。京都が直面する社会問題として「クルマ公害」をあげ、全国からの入洛者に向けて、「マイカー観光はご遠慮下さい」と訴えたことは、その直截な宣言の名称ともあいまって、大きな話題となった(京都市政史編さん委員会編『京都市政史』第五巻)。

ただ、革新市政誕生を後押しした公害問題への取り組みは、大気汚染の一因とみなされた登り窯を五条坂から駆逐して、山科の清水焼団地への移転を促し、鴨川の水質汚染の一因とされた友禅流しを禁止した。清水焼は電気釜・ガス窯が、友禅は工場内での機械洗浄が主流となった。また、交通渋滞をめぐっては、市内の街路を縦横に走る京都市電がモータリゼーションの進展を阻害し、渋滞の一因になっているかのようにみなされ、一九七八年に全面廃止されるに至った。以後、郊外に広がる通勤客、観光客への対応は、市バスと新たに建設が進められた地下鉄に取って代わられた。登り窯や友禅流し、京都市電は敗戦後に最盛期を迎え、京都の風物詩となっていたが、この時期に相次いで姿を消していった。

一方、超高層ビル建設を推進しようとした政府は、霞が関ビルの建設をめぐる経緯などから、一九六八年に都市計画法を改正して容積制度を導入し、一九七〇年に建築基準法を改正して建物の高さ制限を撤廃した。これに対し京都市は、一九七三年に四五メートルを上限とする独自の高さ制限を設け、景観の維持に努めることになった。以後、建物の高さ制限は市の景観保存についての本気度を測るバロメーターとして市民の関心を集めることになった。

まちづくり構想の趣旨を具体化したのが、一九七二年制定の京都市市街地景観条例である。これにより、京都市は念願の美観地区のほか、工作物規制区域、巨大工作物規制区域、特別保全修景地区などを指定し、全国の景観行政の先駆けとなった。

これらのうち、歴史的町並みの保全を目的とする特別保全修景地区（のち歴史的景観保全修景地区と改称）には、産寧坂地区（門前町）と祇園新橋地区（茶屋町）が指定された。その後、一九七五年に文化財保護法が改正され、伝統的建造物群保存地区（伝建地区）が指定されるようになると、産寧坂地区など二地区は早速これに指定された。この指定の特徴は、歴史的建造物を「群」としてとらえ、周囲の環境まで含んで面的に保護することを目指したことである。これにより、建造物の修理だけでなく、新しい建造物や空き地などの整備についても修景を目的とする支援ができるようになった。こうして文化財保護の対象を、文化財を内包する面的な広がりとして捉えたことは画期的なことであった（文化庁編『歴史と文化の町並み事典――重要伝統的建造物群保存地区全109』）。

一九七六年九月の最初の指定には、この二地区のほか、角館（秋田県、武家町）、妻籠宿（長野県、宿場町）、白川村荻町（岐阜県、山村集落）、萩市堀内・平安古（山口県、武家町）が選ばれたが、他の地域の多くは高度成長期の工業化や住宅開発の影響が少なかったところであった。また、妻籠のように住民による町並み保存の取り組みが見られたところも多かった。京都市では以後、嵯峨鳥居本（門前町、一九七九年）、上賀茂（社家町、一九八八年）が指定された。

■「人間のためのまちづくり」とは何か

一九四九年、戦後復興の象徴としてくじ取り式が復活した祇園祭の山鉾巡行は、交通渋滞の深刻化などから一九五六年、一九六一年などにルート変更が試みられた。一九六二年には阪急電鉄の地下工事のために山鉾巡行自体が中止され、一九七七年にも京都市の地下鉄建設工事のためにルート変更がおこなわれた。一方、一九六二年には祇園祭の山鉾二九基が重要有形民俗文化財に指定され、祭本来のあり方が議論されることも多くなった。市内中心部を祭の舞台とする祇園祭は、時代の変化とともに柔軟にその姿を変えてきたが、文化財として守るという考え方も芽生え始めたのである。ただその後も、一九六六年には後祭が前祭と合同して巡行が一日にまとめられ、後祭がおこなわれてきた日には新たに花笠巡行が創設されることになった。こうした大きな改変は、抗議の意思を示した鈴鹿山が巡行参加を取りやめるなど、大きな波紋を呼んだ（祇園祭山鉾連合会編・発行『改訂 近世祇園祭山鉾巡行史』など）。

また、基本的には町ごとの主体性で守り伝えられてきた山鉾であるが、年々保管場所の確保が難しくなってきていた。そこで、第二章でも述べたように、一九六八年には円山公園に祇園祭山鉾館が建設され、希望する町の山鉾が保管されることになった。

一九七一年、京都市は公害のない緑豊かな住みよいまちづくり市民ぐるみ運動を提唱し、一九七八年には世界文化自由都市宣言を行った。しかし、足下では交通渋滞に排気ガス、観光地でのごみの散乱などが深刻化していた。前述のマイカー観光拒否宣言は、それらに対する危機感のあらわれであった。

一九七七年、美しい嵯峨野を守る会が、観光客がポイ捨てする空き缶公害について市会各会派に発した公開質問状は、これまでにない問題提起となった。市はこれを受けて空缶条例専門委員会を設置、一九八〇年八月には飲料や容器のメーカーの回収責任を明記した中間報告を行った。中間報告が提案した回収方法は、デポジット方式であったが、メーカーや販売業者の反対の声は大きかった。論争のさなかに京都を訪れた稲山嘉寛経団連会長は、「住民のあと始末をするのは、地方公共団体の仕事」と述べ、デポジット制度に強く反発した。結局、デポジット制度は一九八一年九月の条例案に取り入れられることはなかったが、空き缶の散乱を防ぎ、再資源化を促進する条例は、同年一〇月に成立し、その後の全国的な空き缶回収の動きを推し進めることになった(谷口知平編『ポイ捨て文化への挑戦――京都市空き缶条例の理念と展望』)。

御池通(おいけどおり)、河原町通、五条通、堀川通に囲まれた、いわゆる田の字地区にある山鉾町は、京都の経済活動の中心地域であると同時に、呉服商などの大規模な町家が集中しているために、京都らしい町並みに関する議論でしばしば注目された。阪急や市地下鉄も田の字地区内に乗り入れ、バブル期などには地価高騰と高層化の波に洗われ、戦前に建てられた洋風建築の多くが建て替えられていった。そうした中、一九七八年に建て替えられた中京(なかぎょう)郵便局は、建造物本体を新築しながら、一九〇二年(明治三五)建設時の外観を残すというファサード保存の先駆けとなり、以後、公共建築物や銀行などの建て替えの多くに採用された。中京郵便局の場合には、郵便局としての機能を維持するための建て替えであり、最初の試みということで、保存には様々な工夫の跡が見られる。二〇〇一年に改築された京都府立図書館も本来の機能を維持するための建て替えであったが、レストランやホテルなどに再利用されている建造物も多い。

一九八六年、山鉾町のひとつ太子山町でマンション建設反対運動が起きた。交渉の結果、マンション住民に祭への参加を約束させるという条件の下、マンション建設を認めることになるが、この「太子山方式」が突破口になって、山鉾町のマンション建設が進んだともいわれる。同じ頃、木賊(とくさ)山町では住民運動の結果、いったんはマンション建設を撤回させたものの、土地が転売された結果、別の業者によってマンションが建てられることになった(木村万平『京都破壊に抗して——市民運動20年の軌跡』)。

■世界遺産の狂騒

一九九二年、政府が世界遺産条約を締結すると、従来の国宝や特別史跡、天然記念物などとは異なり、国際的に認められた新しい概念として世界文化遺産や世界自然遺産が登場した。千件を超える国宝の中から、あらためて法隆寺や姫路城が文化遺産に登録されたことで、世界遺産が国宝の中でも選りすぐりのものであるかのような印象を与えたのかもしれない。同時に自然遺産に登録された屋久島の縄文杉や白神山地のブナの原生林の知名度が飛躍的にあがり、観光ブームを巻き起こしたことも世界遺産の影響力を示すことになり、様々な人々の関心を高めた。

一九九四年一二月、これらに続く五件目の世界遺産が、古都京都の文化遺産という形で、京都市、宇治市、大津市にまたがる広範囲の寺社や城郭を幅広く対象にしたことも、文化財に対する新しい取り組みとして評価された。既存の指定文化財が、ひとつの寺院の中でも金堂や塔、仏像などを個別に評価しているのに対し、世界遺産は対象となる寺院を総体として評価しようとしているように感じられた。また、著名な絵画や工芸品の多くが博物館や美術館に収蔵されていることは、保存という面では意味があっても、それ自体が持つ歴史的な意味から切り離されて作品を鑑賞するという形にならざるをえないのに対し、世界遺産はそのものの価値をあるべき場所で体験する機会を提供する舞台となった。今でも村民が合掌造りの修復を重ねながら住み暮らしている白川郷（しらかわごう）や、存在自体が原爆による被害の悲惨さを体現している原爆ドームなどが登録されたことも世界遺産の価値を世に知らしめることになった。

とくに、原爆ドームの登録にあたっては、文化財指定に消極的な政府に対して、登録を求める市民運動が起こり、その結果、国史跡の指定基準を見直させることにつながった。その後も、世界遺産登録への動きが先行し、それに伴い、国の文化財保護制度を見直すということが見られるようになるが、こうした世界遺産のインパクトは、文化財をあらためて市民目線に近いところで議論するきっかけとなった。

古都京都の文化遺産が登録される際にも、これまで景観問題に取り組んできた市民運動の中には、京都市内外に散在する寺社や城郭を幅広く登録することで、京都全域の景観保全につながるのではないかとの期待があった。京都ホテルや京都駅の高層化計画が相次ぐ中で、開発優先の時代風潮に対する疑問の声は強まっていた。実際、本件登録の「事前審査においては、イコモス(国際記念物遺跡会議)によって二条城を対象に、都市中心域に所在するところからくる開発圧力による資産内外からの視認性(景観)悪化への懸念が表明された」という(佐藤信編『世界遺産の日本史』)。世界遺産への登録は、その登録資産の保護を図るため、周辺地域にバッファゾーン(緩衝地帯)を設ける必要があった。これまでの文化財指定とは異なり、周辺環境の保全という視点が加わったのである。

ただ現実には、世界遺産登録による観光客の増大とそれによる経済効果に対する期待が、登録資産の保護や周辺地域の環境保全を求める声より大きく、住民の住みやすさを高めることにはつながらなかった。空き家が民泊を含む多様な宿泊施設として活用されたり、大型町家がホテルに建て替えられたりしたことが、一般住民の減少や周辺地価の高騰をもたらしているとの指摘もある。二〇一〇年代末には市バスが観光客で満員になり、通勤・通学客が乗れないなどの観光公害が社会問題化し、新型コロナウイルス感染症の流行でいったん小康状態になったものの、その収束後の現在、さらに深刻さを増している。このままでは世界遺産の返上すら検討せざるをえないのではないだろうか。

一方、京都市は一九九五年に市街地景観条例を市街地景観整備条例にあらため、個々の建造物については歴史的意匠建造物に、地区については界わい景観整備地区に指定するようになった。

こうして見ると、一般の民家に対しては、個別の文化財としての対応よりは、町並みや界隈(かいわい)の一部としてとらえる考え方の方が先行していたことがわかる。二〇〇四年に制定された景観法に基づいて、ある景観の重要な構成要素に対して設けられた景観重要建造物の指定や、二〇〇八年に制定された歴史まちづくり法によって設けられた歴史的風致形成建造物の指定(太子山町の町会所も指定された)は、そのギャップを埋めようとしたものと理解できるが、これも景観や歴史まちづくりの対象からはずれた地域の建造物には適用できないという限界があった。

2　京町家を守るために

■歴史的建造物としての民家

ここまで見てきたように、京都は景観行政の先進地であり、都市の美観や環境に関する関心の高い地域であった。ビルの高さ制限やファサード保存はそのあらわれのひとつであった。しかし、防火機能や耐久性に劣ると考えられてきた木造民家の保存については、積極的な手立ては考えられてこなかった。

民家の保存を考える上で重要なのは、一九五〇年に制定された建築基準法である。災害に対する安全性を定めた同法が施行されると、伝統構法による木造民家の多くは不適格とされ、建て替えに際しては同法の基準を満たすことが必要とされたのである。ただ、同年に公布された文化財保護法によって、文化財に指定された建造物は建築基準法の適用から除外されることとなったので、歴史的価値がある建造物については、修復などに際して建築基準法の対象とならない指定文化財と、建築基準法の対象となる未指定文化財に大別されることになった。

ただ、戦前の国宝保存法に指定されていた民家は、河内国の大庄屋吉村家や京都の公事宿(くじやど)小川家など

表4　1983年に京都市から文化財に指定・登録された建造物一覧

	建造物名称	数量	指定・登録時の所有者	備考
指定	旧武徳殿主屋	2棟	京都市	1996年国重要文化財に指定
指定	北野天満宮絵馬所	1棟	北野天満宮	
指定	平安神宮	6棟	平安神宮	2010年国重要文化財に指定
指定	下御霊神社	6棟	下御霊神社	
指定	小結棚町会所	2棟	放下鉾保存会	
指定	筝町会所	2棟	筝町	
指定	天神山町会所	2棟	霰天神山保存会	
指定	燈籠町会所	2棟	保昌山保存会	
指定	奥渓家住宅長屋門	1頭	奥渓家	
指定	野口家住宅	1棟	野口家	
指定	八木家住宅	1棟	八木家	
登録	旧京都中央電話局	1棟	日本電信電話公社	
登録	旧京都大毎会館	1棟	毎日	
登録	秦家住宅	1棟	秦家	

出典：京都市文化観光局文化観光部文化財保護課編『京都市の文化財』

が例外的に認められていただけで、戦後になって重要文化財に指定されたものを眺めても、京都市域内に限定すると、茶道家元（裏千家）の住居や茶室、遊廓島原の揚屋（角屋）など特別な用途や役割によって特徴的な意匠が見られる建造物が多く、一般の民家といえるのは、鞍馬の炭問屋滝沢家（一九七五年指定）、下京の呉服問屋杉本家（二〇一〇年指定）などきわめて限られている。住民が住み続けることを前提とした民家は、日常的に劣化や損傷の可能性が高く、必要に応じて修復や増築などが課題となる。その際、文化財保護法による管理や保護に関する規定は、住民に大きな負担を強いることになる。結果的に、民家の文化財指定に対しては行政も所有者も慎重にならざるを得ず、高度経済成長やバブル経済など景気の好不調の影響を受けながら、減り続けることになった。

そこで京都市は、一九八一年の市文化財保護条例の制定に際し、指定制度に加えて登録制度を設け、より緩やかな規制の下で文化財の保全を試みることになった。前述したように、これまでは指定か未指定かに大別されていた文化財の間に、「登録」という枠組みを設けることで、指定文化財ほどの制約は受けないものの、所有者が可能な範囲で保全に努めることになったのである。一九八三年に市が最初に文化財に指定した建造物は一一件、登録したのは三件で、秦家住宅はその三件のひとつとなった(表4参照)。合計一四件のうち、指定三件、登録一件が個人所有の民家かその一部であり、身近な建造物に対する関心の深まりを感じさせる。また、指定のうち四件を占めた町会所も、町家を改造したものであり、民家の一形態であった。こうして京都市が先行した登録制度は、一九九六年の文化財保護法改正によって国にも導入された。

登録制度の導入は、建造物の文化財化を促し、保護の網を広げるとともに、市民の関心を高め、建造物の保全について共に考える気運を高めることにもつながった。

図80　ビルにはさまれた笋町(たかんなちょう)会所(撮影：小林)

■「家」による継承の限界

しかし、個人所有の民家が歴史的建造物として指定や登録をされることは、日常的な修繕だけでも負担に感じているところに、歴史的建造物として材料や工法にも一定の条件が課せられることを意味し、所有者の負担感を増大させる。そこで、文化財指定を回避するために、人知れず建造物を解体する、あるいは所有者の代替わりなどを契機に、相続税をまかなえないなどの理由で手放すことを選択する場合も多い。そのような事態を避けるため、文化財保護法に基づく重要文化財や伝統的建造物、景観法に基づく景観重要建造物、歴史まちづくり法に基づく歴史的風致形成建造物などに指定されると、相続税が減免されることがある。文化財保護法だけでは建造物の指定・登録は限られていたので、景観法、歴史まちづくり法などがそれをカバーする役割を果たしているのである。

考えてみれば、売買されることが多い絵画などの場合に、絵画そのものではなく、所有者を優遇する税制などを採用すると、資産家を優遇することになりやすく、一般市民の理解は得られにくいであろう。しかし、民家の場合、先祖から住まいや作業場として継承し、折に触れて改築や増築を行ってきたものであり、その保全は家業の維持やそれに伴う生活習慣の保護にもつながる。歴史的建造物を通じて、それにまつわる生業や暮らしを守ることになるのであれば、望ましいのではないだろうか。前述した相続税の減免措置は、家業を子孫に継承しながら建造物も維持したいと考える場合には、有効な手立てである。いわば、「家」による維持・継承を促す施策ということができよう。

しかし、家業の継承が困難になり、子孫が離れたところで別の仕事に就くようになると、その効果はきわめて限定的になる。京町家の減少は、それにふさわしい家業の衰退と軌を一にしていたのである。

■売買による継承の是非

建造物と用途との関係でわかりやすいのは寺社の場合であろう。寺院や神社にはそれにふさわしい建築様式があり、工法がある。しかも、明治維新の混乱期を乗り越え、現在は宗教法人として維持されている寺社には維持組織があり、建造物の修復を支える原資を捻出したり、寄付を勧奨したりすることが可能であろう。結果的に、文化財として指定されることへの理解も得やすく、補助も受けやすい。他方、城郭などのように用途が明確であるが故に、時代に合わせた新しい用途への転用が不可避であった建造物の場合には、保全にあたって新しい用途や収益のあり方などが議論となり、それが満たされなければ、解体されてしまうものも少なくない。同様に、閉校した小学校のような公共建築物、廃線後の駅舎や統廃合によって閉業した銀行など地域のシンボルとなっていた建造物なども、所在地の自治体が町おこしの一環として保全を図ることが多い。

それでは民家の場合にはどうであろうか。民家の場合にも、農家と商家では特徴に大きな違いがあったが、同じ商家でも業種によって間取りや建具などが異なっていた。また、商家の場合、産業構造の変化の影響を直接受けやすく、建てられた時代の生業を継承していることは少ない。とくに京都の中心部に櫛比する京町家の場合、建てられたときの生業を継続している事例の方が少ないのではないだろうか。前述の杉本家住宅の場合にも、呉服商としての役割を終えた後で歴史的建造物に指定されており、家業によって支えることができないために、財団法人を設立することで維持が図られることになった。

以上を整理すると、寺社の場合には用途を維持したまま保全が図られるのに対し、城郭の場合には用途を転換することで保全が図られる。したがって、寺社では仏像など宗教活動に必要な宝物や儀式、僧侶・神主の生活空間との共存を工夫しながら保全が図られるのに対し、城郭では内部の改修は比較的自由に行われるし、必ずしも居住空間を必要としない。小学校や民家の場合には、本来の用途を維持している場合と維持していない場合が考えられるが、閉校や閉業を契機に保全の可能性が検討されることが多いので、その場合には、城郭に近い事例といえるであろう。そこで問題となるのは、民家の所有者がそれにふさわしい家業を継承できない事態に立ち至った場合、建造物を維持する費用を誰が負担するかということである。

二〇一七年に制定された京都市京町家の保全及び継承に関する条例(京町家条例)は、消滅の危機に瀕した町家の存在を把握し、その維持・継承を図る新しい取り組みである。対象となる京町家については、個別の建造物を登録する方法と対象地区を指定する方法とがあるが、二〇二二年度末現在で個別指定が一二〇〇軒以上、地区が一九地域以上に達しており、京都や伏見の旧市街地の一定範囲を包含できるようになった。

このうち、いわゆる田の字地区(厳密には幹線道路に面しない内側部分、いわゆる「あんこ部分」が対象)を含む職住共存京町家保全継承地区は、中京区から下京区にかけて二〇〇町以上、面積にして一五〇ヘクタール以上と、京都市内中心部の一定割合を占める。秦家もその一角にあり、京町家条例の意義を体現する地域といえよう。とくに、職住共存京町家保全継承地区の中核部分となる、三条通、烏丸通、四条通、西洞院通に囲まれた、いわゆる明倫学区には地域景観づくり協議会が設立され、建造物の新築や改築に際して意見交換をすることが可能になった。

京町家条例は、保全の担い手を所有者だけでなく「所有者その他多様な主体との協働」へと広げ、その中に、不動産業や建設業などの開発業者、市民、自治体、市民活動団体なども含み込んだ。所有者が各方面と保全のための方策を協議できるようにするためである。いわば建造物そのものに目を向け、その活用を図りながら維持費用を負担できる新たな所有者への移行を前提にした制度なのである。たとえば、呉服問屋として維持されてきた建造物が、不動産業者を介して飲食店に改装されたり、飲食店を営む業者に売却されたりすることが当然のこととなっているのである。しかし、いったん飲食店に改装されて維持されても、経営がうまくいかなければ、洋品店になったり貸しギャラリーになったりカフェになったりと転売を繰り返し、呉服問屋の痕跡は消し去られていく。それでも、外観としての京町家が維持されていれば、それを是とするのである。

しかし、こうした取り組みにもかかわらず、京町家の解体は続き、明倫学区内にも京町家跡地と思われる空き地が点在する。建造物の保全を市場に委ねる方法では、取引価格が高額にならざるを得ない大型町家に買い手がつきにくく、この手法による保全策には限界があるともいわれている。また、買い手がついても、新しい所有者による経営がうまくいかず、結局は建造物の解体に至った事例も少なくないのではないだろうか。

■建造物を守ることと「家」を守ること

京町家条例は、より保全に配慮できる所有者への売却を奨励するものであり、従来からの所有者の生業や暮らしを守ろうとするものではない。残念ながら、建造物とそれを支えてきた生業や暮らしを一体として守るという発想はないのである。こうして、重要な視点を欠落させたまま、所有者の移動を前提とした建造物や町並みの保全に向けての取り組みが強化されているが、それは京町家を含むコミュニティの強化に役立っているのだろうか。あらためて、当該地域を成り立たせてきた生業は何であり、それを基盤とするコミュニティは如何にあるべきかという視点が必要な時期に来ているように思われる。

全国的にも、また外国人にも注目されるようになった京町家であるが、そこで重視されるのは建造物だけでなく、その中での暮らしや生業のありのままの姿ではないだろうか。京町家条例は、代々家業を継承する中でそれにふさわしい建造物を守ってきた所有者の思いに寄り添ったものとは言いがたい。

秦家についていえば、家業である奇応丸の製造については、製造工程や原料の入手方法をめぐって年々規制が厳しくなり、存続の危機にあったことがうかがえる。もし現在も家業を継続していたとすれば、施設の近代化や駐車場の整備などが避けられなかったかもしれないが、従来からある住居にうまく手を入れながら、両立を図っていたのではないだろうか。近代化が進む中国においてさえ、中医学(中国伝統医学)が大きな存在感を維持していることを考えると、日本の和漢薬は西洋医学偏重の医薬行政の犠牲になっているともいえるであろう。京町家の将来は、日本が伝統産業の維持・継承ときちんと向き合うかどうかにかかっているともいえるのではないだろうか。

私たちが長年秦家でお話をうかがう中で考えさせられたのは、家業と暮らしの場であった建造物を他人に公開して対価を受けとることに対する抵抗感である。さまざまな事情があるとはいえ、江戸時代から続いた家業を閉じているわけであるから、暮らしの一部を公開して対価を受けとるのでなければ、建造物を維持することができない。しかし、そこまでして建造物を守る意味があるのだろうか。その答えが見つからない限り、建造物は常に解体処分の一歩手前にあるといわざるをえない。京町家条例は、それならば手放すなり貸し出すなりして、建造物を守ってほしいと考えている。しかし、もともとの所有者の多くは、そうまでして建造物だけを残すことにどれほどの意味を見いだすだろうか。家業や年中行事を守り伝えている人々が暮らし続けるのでなければ、それは京町家ではなくなるのではないだろうか。秦家住宅が市の登録文化財になってからの四〇年間は、秦家の人々がそれを守り続ける意味を模索し続けた四〇年間だった。その結果、秦家の人々がどのような結論を出されたとしても、私たちはそれを受け入れたいと思うのである。

参考文献一覧

秋山國三編『公同沿革史』上巻、元京都市公同組合聯合会事務所、一九四四年

朝尾直弘『朝尾直弘著作集』第七巻、岩波書店、二〇〇四年

飛鳥規制反対同盟「〝文化〟が村をおしつぶす―古都保存法などによる規制に反対して」『月刊地域闘争』七号、一九七一年

伊藤瑞叡編『正嫡付法［中巻］本圀寺史料』昌柏寺華林山文庫求法院学室、一九九一年

今谷明・高埜利彦編『中近世の宗教と国家』岩田書院、一九九八年

大塚活美「室町将軍・異国使節等の祇園祭見物――中世における首都京都の祭礼」『京都文化博物館研究紀要 朱雀』一七集、二〇〇五年

苅谷勇雅『京都――古都の近代と景観保存（日本の美術四七四）』至文堂、二〇〇五年

河内将芳『中世京都の都市と宗教』思文閣出版、二〇〇六年

木村万平『京都破壊に抗して――市民運動20年の軌跡』かもがわ出版、二〇〇七年

祇園祭編纂委員会・祇園祭山鉾連合会編『祇園祭』一九七六年、筑摩書房

祇園祭山鉾連合会編・発行『改訂 近世祇園祭山鉾巡行史』一九七四年

京都観光弘報連盟・祇園祭山鉾町『昭和三十九年 祇園祭小史』一九六四年

京都市編『史料京都の歴史12 下京区』一九八一年、平凡社

京都市政史編さん委員会編『京都市政史』第五巻、二〇〇六年

京都市文化観光局文化課『祇園祭――戦後のあゆみ』一九六七年

京都市文化観光局文化観光部文化財保護課編・発行『京都市の文化財――京都市指定・登録文化財』第一集、一九八三年

京都大学工学部建築学教室建築史研究室編『祇園祭山鉾町会所建築の調査報告』京都大学工学部建築学教室建築史研究室、一九七五年

坂田聡『日本中世の氏・家・村』校倉書房、一九九七年

佐藤信編『世界遺産の日本史』ちくま新書、二〇二二年
瀬田勝哉『洛中洛外の群像――失われた中世京都へ』平凡社、一九九四年
高木博志『近代天皇制と古都』岩波書店、二〇〇六年
高橋秀樹『日本中世の家と親族』吉川弘文館、一九九六年
髙橋昌明『京都〈千年の都〉の歴史』岩波新書、二〇一四年
高橋康夫『京都中世都市史研究』思文閣出版、一九八三年
高橋康夫『京町家・千年のあゆみ――都にいきづく住まいの原型』学芸出版社、二〇〇一年
田中優大・阿部大輔「1960年代の京都市における総合計画からみる都市像の変容について」『日本都市計画学会関西支部第17回研究発表会講演概要集』二〇一九年
谷口知平編『ポイ捨て文化への挑戦――京都市空き缶条例の理念と展望』ぎょうせい、一九八三年
土本俊和『中近世都市形態史論』中央公論美術出版、二〇〇三年
長﨑健吾「戦国期京都の都市民と権力」『歴史学研究』一〇二八号、二〇二二年
中野卓『商家同族団の研究――暖簾をめぐる家と家連合の研究』未来社、一九六四年
秦家住宅編集委員会編『秦家住宅――京町家の暮らし』新建新聞社、二〇〇八年
林屋辰三郎『町衆――京都における「市民」形成史』中公新書、一九六四年
樋屋製薬株式会社社史編集室編『樋屋奇応丸のあゆみ』樋屋製薬、一九九二年
福持昌之「「京都祇園祭の山鉾行事」のユネスコ無形文化遺産の登録とその後」『文化遺産の世界』二八号、二〇一七年
文化庁編『歴史と文化の町並み事典――重要伝統的建造物群保存地区全109』中央公論美術出版、二〇一五年
松田元／島田崇志編『祇園祭細見 改訂版』二〇二四年、都のまつり文化研究会
三枝暁子「「町」共同体をめぐって」『歴史科学』二一八号、二〇一四年
森田恭二「中世京都法華「寺内」の存在――六条本国寺を中心として」『ヒストリア』九六号、一九八二年
吉田伸之『近世都市社会の身分構造』東京大学出版会、一九九八年
脇田晴子『中世京都と祇園祭――疫神と都市の生活』中公新書、一九九九年

おわりに

本書ではこれまで、秦家の暮らしや年中行事について、写真とともに紹介しつつ、一八世紀から現代に至るまでの家の歴史や薬種業の展開について述べてきた。そのうえで、京町家の継承・保存にかかわる都市政策や文化財保護の歩みをふりかえり、その課題を指摘した。

具体的にはまず、巻頭写真ページおよび第一章において、現在の秦家内部の空間構造と暮らしのありようを年中行事の様子を中心に紹介した。巻頭の秦家内部のカラー写真については、家の中の陰影に満ちた雰囲気がありのままに伝わるよう、できるだけ照明装置を用いず撮影した。第二章では、時代をさかのぼらせ、平安京成立後、都市京都の歴史が展開するなかで町家や町がどのように成立してくるのかを説明した。そのうえで、近世の太子山町に秦家が成立し、近現代へと継承されていく過程を、町や祇園祭との関係をもふまえながら明らかにした。続く第三章では、秦家の生業である薬種業の歴史を、近世における奇応丸の製造・販売権の確立や、近代以降の製法の継承・工夫および販路網の拡大の様相から紹介した。そして第四章では、戦後の京都さらには日本の都市計画の歴史をふりかえるとともに、古都保存法や京都市市街地景観条例(のち市街地景観整備条例)の制定、世界文化遺産の登録がもつ意義と課題について述べた。そのうえで、文化財保護に関する既存の法令や条例が、京町家をはじめとする民家の継承・保存において大きな課題を抱えていること、とりわけ生業や暮らし、そしてコミュニティの存続には必ずしもつながらない現状にあることを指摘した。

こうした本書の叙述から、京町家の未来をどのように展望できるであろうか。

秦家の歴史をたどった第二章・第三章の内容からも明らかなように、京町家の本質を歴史学的な観点から捉えるならば、近世に成立した、町と密接不可分の関係にある職住一体の空間、ということになる。秦家は、遅くとも一七世紀はじめには成立していた太子山町の中に、一八世紀に成立した。そして薬種業という生業や祇園祭などの暮らしにかかわる行事を通し、太子山町と緊密な関係を結んでいた。さらに生業の維持・継承の精神的支えとなったのは、中世後期に京都に広まった法華信仰であった。こうした環境と、家内部の空間のありようとは密接に関連しており、第一章でふれたように、油小路通に面した店の間と、暮らしと信仰の場である中の間・奥の間そしてハシリとの、職住一体の空間から成る建築様式となっている。

現在の秦家をとりまく環境をみれば、太子山町は今も存在し続け、毎年祇園祭の季節になれば、太子山の巡行をみることができる。しかし、ビルやマンションの点在する町の景観からも明らかなように、かつてのような、商家の立ち並ぶ町ではなくなっている。そうした町の変化は、第四章で述べられているとおり、戦後の産業構造の変化によって急速に生じていったものである。個々の町家が、近世あるいは近代から継承してきた生業を手放さざるを得ないなか、町家の櫛比する町の景観はもはや過去のものとなりつつある。

このような状況のなか、秦家と太子山町のそれぞれに、一八世紀から守り伝えられてきた古文書が存在していることの意義は大きい。本書において秦家のあゆみを近世にさかのぼってたどることができたのも、秦家が家とともに古文書をも継承してきたためである。また、ひとつひとつの町を単位とするコミュニティの存在は、京都の特徴のひとつであるが、その内容は町々に残る古文書の存在によって裏付けられる。それらを検討することで、この数百年間の町としての営みと、そこに暮らす人々の営みが、決して平坦なものではなく、それぞれの時代の危機を乗り越えてきたことが明らかになる。町の自治や祭礼の運営もそのひとつである。受け継がれつつ、変わり続けるその歩みを、それぞれの文書から検証することによって、町家や町の「いま」を捉え直し今後を見据えることも可能となる。本書の刊行が、京都における家や町の古文書の保存に、さらにはコミュニティの活性化につながることを期待したい。

また、変わりゆく町にあって、秦家が近世から家を継いできた人々の住まいであり続けていること、すなわち京町家の本質を今日においても持ち続けているという点も重要な意義をもっている。近世から続く職住一体の空間として成立した町家が、もはや稀有な状況となっている京都にあって、ともすれば町家は博物館・美術館に類似した展示施設のように受け止められがちである。町家の歴史的価値や維持保存を重視するならば、博物館化することに一定の意味はあろう。しかし、町家が文字通り「家」であり住まいであることをふまえるならば、何よりまず暮らしの場として維持され保存されていくことが望ましいのではないだろうか。秦家に暮らす人々の日々の営みは、町家を歴史化させず現在化させていく、町家にいのちを吹き込み続ける行為ともいえる。そして現在の秦家の暮らしの底流には、日々積み重ねられながら、必ずしも文書化されてこなかった、いわばもう一つの歴史が存在している。今後はこうした暮らしをめぐる営みをふくめての、町家の保存と継承の道を模索していく必要がある。

戦後の産業構造そして地域社会さらには家をめぐる変化は、実は町家に住まう人々のみならず、私たち一人一人の暮らしにも深く影響している。加えて近年、長引く不況や地球温暖化、新型コロナウイルスの流行など、私たちの生活に暗い影を落とす新たな事態が相次いで生じている。京都市有形文化財に登録されてから四〇年、秦家の人々は少しずつ少しずつ、顔の見える範囲でのつながりを大事にしながら、暮らす場としての家を訪れる人々に開いてきた。近年は、お料理の会や行事などの機会を通じ、定期的に足を運ぶ人が増えつつあり、新たなネットワークとコミュニティが生まれている。変化の荒波にもまれながら、歴史を伝え、暮らしをつむいできた京町家秦家が、人々のつながりを生み出す豊かな力を持つ場として機能し始めていること、このことに希望を見出しながら本書を結ぶことにしたい。

*****

本書は、秦トキさん・めぐみさんの御協力なくしてまとめ上げることはできなかった。家の中の撮影から、日常生活や年中行事の様子、さらには薬道具や古写真の撮影に至るまで、写真撮影の現場に立ち会ってくださるばかりでなく、聞き取りにも快く応じてくださった。本書の刊行を企図してはや一〇年、たえず御協力くださったトキさん・めぐみさんに心から感謝申し上げる。また秦家菩提寺の了光院にも、聞き取りや写真撮影等で大変お世話になったほか、一般財団法人太子山保存会にも貴重な資料をご提供いただいた。あわせて感謝申し上げる。さらに本書の刊行に際して、岩波書店編集部の吉田浩一さんに大変お世話になった。折にふれ、撮影者・執筆者とともに秦家に足を運びつつ、本書で伝えるべきことについて的確にアドバイスしてくださった。厚く感謝申し上げる。

なお本書は、日本学術振興会科学研究費補助金・基盤研究(C)「家・町・町家の存立基盤をめぐる歴史学的研究―京都市太子山町・秦家を事例として」(研究代表:秋元せき)の研究成果である。

二〇二四年八月

西村　豊
秋元せき
小林丈広
三枝暁子

秦家の見学や，料理の会の参加方法などについては，
以下のアドレスから HP をご覧ください．

https://www.hata-ke.jp/

秋元せき
1970年生まれ．京都市歴史資料館主任歴史調査員．日本近代史．『近代京都の改造――都市経営の起源1850～1918年』(共著)ミネルヴァ書房，『古写真で語る京都――映像資料の可能性』(共著)淡交社など．

小林丈広
1961年生まれ．同志社大学文学部教授．日本近代史．『京都の歴史を歩く』(共著)岩波新書，『明治維新と京都――公家社会の解体』臨川書店など．

三枝暁子
1973年生まれ．東京大学大学院人文社会系研究科教授．日本中世史．『日本中世の民衆世界――西京神人の千年』岩波新書，『比叡山と室町幕府――寺社と武家の京都支配』東京大学出版会など．

西村 豊
1949年生まれ．自然写真家．ネイチャーフォト・プロダクション代表．『京都 天神をまつる人びと――ずいきみこしと西之京』岩波書店，『干す――日本の天日干しをめぐる』光村推古書院など．

京都秦家 町家の暮らしと歴史

2024年9月26日 第1刷発行

著 者 秋元せき(あきもと) 小林丈広(こばやしたけひろ) 三枝暁子(みえだあきこ)
写 真 西村 豊(にしむらゆたか)
発行者 坂本政謙
発行所 株式会社 岩波書店
〒101-8002 東京都千代田区一ツ橋2-5-5
電話案内 03-5210-4000
https://www.iwanami.co.jp/

印刷・精興社 製本・松岳社

ISBN 978-4-00-061652-2 Printed in Japan

書名	著者	刊行形態・定価
京都の歴史を歩く	小林丈広 高木博志 三枝暁子	岩波新書 定価一二三二円
日本中世の民衆世界——西京神人の千年	三枝暁子	岩波新書 定価九六八円
京都〈千年の都〉の歴史	髙橋昌明	岩波新書 定価一〇三四円
京都古典文学めぐり——都人の四季と暮らし	荒木浩	四六判二七八頁 定価二五三〇円
京料理人、四百四十年の手間——「山ばな 平八茶屋」の仕事	園部平八	四六判一八二頁 定価一九八〇円